中国低碳发展宏观战略丛书 · 案例篇

解振华　张　勇　主编

广东省珠海市低碳发展研究

章文光 等 著

人民出版社

中国低碳发展宏观战略研究项目重点课题及负责人

1. 中国低碳发展宏观战略总报告　解振华
2. 低碳发展宏观经济理论框架研究　厉以宁　朱善利
3. 低碳发展对我国经济增长影响研究　雷　明
4. 低碳发展对我国物价水平影响研究　黄　涛
5. 低碳发展对我国就业影响研究　张一驰
6. 低碳发展对我国国际收支影响研究　周黎安
7. 中国未来经济社会发展总体态势研究　龚六堂
8. 中国低碳发展与生态文明建设关系研究　张东晓　王景福
9. 中国能源低碳发展战略研究　李俊峰
10. 中国节能减碳的潜力、路径与政策研究　戴彦德
11. 中国到2050年温室气体减排路线图研究　陈文颖
12. 中国低碳技术发展战略研究　程天权　邹　骥
13. 中国低碳发展公众参与战略研究　李国平
14. 中国建筑低碳发展战略研究　林海燕
15. 中国交通低碳发展战略研究　李忠奎
16. 中国低碳发展国际环境研究　邹　骥
17. 经济全球化对中国低碳发展影响研究　何建坤
18. 全球可再生能源发展展望研究　韩文科　王仲颖
19. 中国低碳城镇化问题研究　潘家华
20. 中国碳汇潜力与林业发展战略研究　肖文发
21. 中国工业领域低碳发展战略研究　张东晓　王习东　温宗国
22. 全球碳市场研究　张希良
23. 中国低碳发展投融资政策研究　张长春
24. 中国低碳发展消费政策研究　刘　强
25. 中国低碳发展区域政策研究　姜克隽
26. 中国低碳发展产业政策研究　史　丹
27. 中国碳交易市场机制研究　李佐军
28. 中国低碳发展立法研究　徐华清　丁　丁
29. 中国低碳发展财税政策研究　贾　康
30. 中国低碳发展社会政策研究　范　必
31. 广东省珠海市低碳发展研究　章文光
32. 河北省保定市低碳发展研究　赵新峰　王延杰
33. 河南省济源市低碳发展研究　谷树忠
34. 黑龙江省伊春市低碳发展研究　魏一鸣
35. 陕西省神木县低碳发展研究　李江涛
36. 天津滨海新区低碳发展研究　梁言顺
37. 云南省昆明市低碳发展研究　张春敏
38. 浙江省杭州市低碳发展研究　杜　平

总　序

国家发展和改革委员会主任　**徐绍史**

气候变化是 21 世纪人类生存和发展面临的严峻挑战。努力推进低碳发展、积极应对气候变化，已成为国际社会的普遍共识，更是处在不同发展阶段国家如何处理经济发展和生态环境关系的极具探索性的理论和实践命题。在工业化进程中，我国碳排放总量大，能源资源环境约束紧，破解我国日益严峻的资源环境瓶颈制约，实现全面建设小康社会和现代化奋斗目标，必须把低碳发展作为推动生态文明建设的基本途径，作为统筹推进产业结构和能源结构调整、节能提高能效和生态环境保护的战略选择，促进经济发展方式转变，为实现中华民族伟大复兴的"中国梦"奠定重要基础。

党中央、国务院历来高度重视气候变化问题，明确提出要把积极应对气候变化作为我国经济社会发展的一项重大战略，作为加快转变发展方式和结构调整的重大机遇。习近平总书记强调，应对气候变化是中国可持续发展的内在要求，也是负责任大国应尽的国际义务，这不是别人要我们做，而是我们自己要做。李克强总理指出，面对当前经济下行压力和应对气候变化等多重挑战，关键是要通过结构调整和提质升级发展，拓宽经济增长与环境改善的双赢之路。党的十八届五中全会提出了创新、协调、绿色、开放、共享五大发展理念，"十三五"规划纲要确定了"十三五"期间单位国内生产总值二氧化碳排放下降 18% 的约束性目标，并以专章明确了"积极应对全球气候变化"各项工作任务。2015 年 6 月，我国向国际社会公布了《强化应对气候变化行动——中国国家自主贡献》，提出了二氧化碳排放 2030 年左右达到峰值并争取尽早达峰；到 2030 年，单位国内生产总值二氧化碳排放比 2005 年下降 60% － 65%，非化石能源占一次能源消费比重达到 20% 左右，森林蓄积量比 2005 年增加 45 亿立方米左右等一系列目标，彰显了我国积极负责任的大国形象，体现了我国推进低碳发展的信心和决心。为了确保这一目标的实现，需要全面贯彻落实党的十八大和十八届三中、四中、五中、六中全会精神，按照中央经济工作会议决策部署，以供给侧结构性改革为主线，用低碳理念引导各领域、各行业积极行动起来，共同探索低碳发展之路。

低碳发展是一场涉及生产模式、生活方式、价值观念变革的创新实践，是一项关系国家权益、经济增长、民生改善、能源利用、区域发展的系统工程，是关系人类长远发展的全球性、战略性重大议题。实践离不开理论的指导，为了做好中国低碳发展的战略谋划，国家发展改革委会同财政部组织开展了中国低碳发展宏观战略研究，成立了解振华同志任组长的领导小组以及厉以宁教授、杜祥琬院士任主任的专家委员会，他们既有理论高度，又有实践经验。在他们的悉心指导下，在各研究单位的辛勤努力下，该项目根据我国经济社会发展的总体战略部署，在分析和判断我国低碳发展面临形势的基础上，研究提出了我国到 2050 年的低碳发展分阶段、分领域的战略目标、基本思路、主要任务和政策建议，为我国制定低碳发展长期战略提供决策支撑。

在对中国低碳发展宏观战略研究成果总结梳理的基础上，此次编辑出版中国低碳发展宏观战略丛书，全面、系统呈现了我国低碳发展到 2020、2030、2050 年各阶段，工业、建筑、交通、能源等重点领域目标任务，对于关心和从事低碳发展事业的社会各界及时了解国家低碳发展的战略部署，具有重要参考价值。

低碳发展事关中华民族和全人类的长远利益，事关我国经济社会发展全局。希望社会各界携起手来，共建低碳美丽中国。

前　言

　　珠海市是珠江口西岸重要的港口城市。土地面积 1724.32 平方公里，海岸线长 604 公里，大小岛屿 217 个，被称为"百岛之市"，是珠三角地区海域面积最大、岛屿最多、海岸线最长的城市；同时也是珠三角生态环境最好、土地开发强度最小、低端产业集聚最少、人群密度和素质最均衡的城市之一。

　　珠海作为我国首批设立的经济特区，从发展初期就高度重视环境保护问题。在产业选择上始终定位高端，并未像珠三角地区其他典型城市那样，经历过承接加工贸易产业转移的过程。尽管在守护好天赋资源与发展经济的冲动之间，珠海也曾表现出周期性的情绪化波动，但生态优先的红线却从未动摇。三十多年特区发展，沧海桑田，珠海城市环境优美、创新氛围浓厚的"后发优势"逐渐凸显。伴随一批重大项目落户、横琴成为国家级新区、港珠澳大桥开工建设，珠海城市发展前景可期。与此同时，在低碳发展方面，珠海市也具备了先行先试的优厚基础，有条件、有能力做成国内同类示范城市的典范。

　　研究珠海低碳试点案例，从全国层面看有如下几方面意义和价值：一是珠海市作为经济特区之一和国内最发达和最开放地区——珠三角城市群的一员，提出到 2015 年全市单位生产总值 CO_2 排放量比 2010 年下降 19.5% 的目标，这意味着珠海市要采取"全方位、超常规"的低碳发展举措，这些举措能否顺利实施并形成"可复制、可推广"的经验值得期待。二是珠海市尽管直接步入了"后工业化"阶段，但其整体实力、居民收入和生活水平并未达到"后工业化"标准,地方政府尚有发展"高 GDP"、高碳排放产业的冲动。近年来,珠海市一批大的石化、冶炼项目上马,在社会上引起了较大争议。在这个背景下,如何处理好"低碳"与"增长"的关系,珠海市面临同国内很多地区同样的两难选择。三是珠海市民环保素养普遍较高、低碳参与意识很强,成为开展低碳试点建设的最大优势。这种素质和意识如何养成?在开展低碳城市建设中能发挥怎样的作用?如何用好这一优势为低碳城市服务?都是值得深入研究并借鉴推广的重要问题。四是横琴新区作为未来港珠澳合作的典范,将建成中国领先的低碳经济区,发挥标杆和典范作用。目前横琴低碳发展的规划已绘就,各项建设也正在朝着"国内领先、世界一流"的方向迈进。展望发展前景,总结实践经验,将为指导全国低碳新区建设起到"试验田"的作用。

课题组多次到珠海实地考察,共组织了与低碳发展高度相关的八个政府部门(包括横琴新区管委会)座谈与调研;开展了涉及四个区(将高新区和高栏港区作为一个区)的城乡居民入户调查;从五方面对珠海市低碳发展做了研究:一是分析低碳发展现状。梳理珠海市低碳发展的现实条件,提出珠海走低碳发展道路的现实基础与内在逻辑,并归纳了珠海市低碳发展的主要手段。二是明确低碳产业政策作用形式。整理和评价珠海市低碳产业发展政策,提出珠海市要规避"再工业化"冲动,严格限定"三高一特"产业体系,兼顾转变经济发展方式、实现低碳发展的双重要求,并实现低碳产业政策由行政干预模式向以市场调节模式、产业技术创新为主导的方向倾斜的转变。三是构建低碳消费政策分析框架。通过问卷调查方式,对珠海市居民低碳消费状况、低碳消费政策与居民低碳消费行为间的互动关系进行深入分析。总体上,目前低碳消费政策的实施在地方层面面临众多掣肘,低碳消费政策与行为的关联性弱,导致了低碳消费行为普遍不足。四是摸索低碳投融资政策创新举措。目前国家正大力支持在珠海的横琴半岛试验低碳投融资方式制度性创新,但尚未实质性破题。低碳投融资面临的最大问题是概念内涵、外延模糊不清,低碳统计及申请补贴、奖励等面临障碍;在碳排放交易市场建设上,由于尚处在起步阶段,主要由广东省统一主导,珠海市主要开展了纳入碳排放交易企业的前期核准及碳交易相关的配套辅助工作,已有五家企业纳入广东省的碳减排企业名录。五是调查珠海市低碳公众参与情况。通过问卷调查，考察了目前低碳公众参与的主要形式、内容和结构，发现珠海市居民在低碳、生态等方面意识很强，群众基础扎实，具备开展试点的优势。

总的结论是，从经济基础、社会民生、资源利用和生态保护角度看，珠海市具备"低碳城市"试点的基础条件，也正在稳步推进试点工作，但总体上仍处在探索起步阶段。具体而言，"三高一特"低碳产业结构在加快形成；低碳消费理念正被普遍接受，尤其在低碳建筑、低碳交通方面，珠海市制定了严格的绿色建筑标准，并争取通过特区立法权上升为法律；正在构建的公共交通网络、自行车租赁信息化系统具有高度的社会认同和广泛的群众基础；低碳投融资方面，横琴新区正在形成新的低碳投融资创新模式，仅依靠金融机构服务低碳企业及节能改造的能力尚不具备，必须发挥财政政策的强力引导作用。良好的低碳公众参与是开展低碳试点的前提和基础，珠海市优势明显，既体现为珠海市政府对生态环保工作的高度重视，更表现在公众对环保要求高的倒逼机制，下一步工作试点要充分利用好这一优势。

调研中，课题组也深刻体会到地方政府在推行低碳试点过程中的困惑和所面临的障碍。突出表现为对"低碳"概念界定模糊，对其内涵、外延不确定，对低碳发展规划和任务分解不清晰，导致很多政府职能部门无从下手，不知道该做和能做什么，这在珠海案例中也尤为明显。2013年底珠海已在全国较早地制定出台了控制温室气体排放的实施方案，但存在具体任务划分不清、职能部门管理交叉现象，为推诿工作和推卸责任留下空间。此外，体制性问题不可回避，由于目前专门从事低碳工作的政府机构，一般设置在发展改革委（局）下的某个处（科），人员、经费有限，一些地方领导不够重视，导致整体统筹、协调能力受阻，低碳工作难以在跨部门间开展。尽管珠海的低碳试点具有"先行先试"的意义，但除在产业政策上顺应"经济发展方式转变"下产业结构调整大势外，在低碳消费、低碳投融资方面，如低碳产品认证、低碳投融资产品创新、低碳信贷等，单凭地方试点举步维艰，必须依靠政策顶层设计，由上到下层层推进。只有国家层面上的工作加快展开，地方试点才能更有力度。

　　珠海案例的启示在于，一是政府引导、多方参与的低碳发展模式是大势所趋，但仍存在较大的体制机制障碍，激励方面尤显不足。未来靠调动地方政府积极性的做法不可持续，需要设计行之有效的长效机制，把低碳发展指标融入到各级政府绩效考核过程中，采取切实可行的奖罚措施。二是公众低碳理念的形成，低碳参与意识的高低，与城市长期以来对环保、生态工作的重视程度紧密相关。生态环保工作开展好的城市，低碳试点就具有一定的先行优势。因此，对即将开展低碳工作的地区，应未雨绸缪，尽早在全社会做好生态环保宣传工作。三是建设低碳城市，加快低碳发展，要发挥法律法规的约束作用。尽管经济特区能够利用自己的特区立法权在这些方面走得更快，但如果下改上不改，工作同样很难推进。

　　总体看，推进低碳城市建设，制定规划是最重要的前提，扩大宣传是最先行的举措，法律法规约束是最有力的保障，领导重视是最关键的抓手。试点过程既要齐头并进，又要突出重点，在时间、空间、人力、财力等约束条件下，率先在"点"上做出特色，进而全面推开。基于此，课题组建议，珠海市要在"一个关键"、"多个亮点"、"一个地区"和"先行先试"上有所突破，尽快提升珠海在全国低碳试点建设的知名度。

　　一是抓住"一个关键"，形成低碳信息化独特优势。目前珠海市在自行车租赁系统信息化改造方面较为先进，但这种新技术的扩散性较快，易被复制。未来应着眼于整体城市信息化建设这个大系统，发挥物联网、"数字珠海"优势，通过开发更多领域的信息化系统，在交通出行、电子商务、电子政务、物流、零售及各类服务中大范围推广，减少中间环节，提高信息化在资源配置中的关键作用，以"智"取胜，利用珠海市高科技企业集聚和研发机构发达的条件，形成低碳城市建设的独特优势。

　　二是突出"多个亮点"，充分利用珠海的低碳存量资源。目前很多试点城市的做法都存在相互模仿、千篇一律的现象。低碳规划、低碳产业、低碳交通、低碳建筑、低碳生活被大部分试点省市所采纳，珠海很难做出自身特色。着眼于未来发展，为突出试点地独特性和典型性，珠海市一方面要继续加大已开展项目的工作力度；另一方面，也要在低碳金融、低碳会展以及海洋经济方面利用自身优势，争取有所作为，形成有亮点的低碳项目和案例。

三是做足"一个地区"，把横琴新区打造成"世界先进低碳示范区"。横琴新区是国家级新区，未来将成为内地与港澳合作开发的重要实验区，发展前景不可限量。新区各项工作的开展是在"一张白纸上画图"，有条件在低碳方面制定更高标准。目前，横琴新区已经形成了自己的低碳发展规划，近期将"中国领先的低碳经济区"作为阶段性目标，发挥后发优势，设置严格排放指标限制，提高单位面积 GDP 产出。远期瞄准"世界先进低碳示范区"建设目标，借鉴北欧瑞典等国家经验，实现"零排放"。

四是做好"先行先试"，增强社会低碳发展认同感。珠海市作为低碳试点城市，从全国范围看，本身就具有先行先试的职责。在珠海城市内部，也应当把政府部门、事业单位、国有企业以及学校科研机构等作为践行低碳发展的表率，严格落实《公共机构节能条例》，在公共机构、学校科研部门等率先实现低碳建筑节能改造，以身作则、先行示范，凝聚更多机构和个人参与到低碳行动中。

目　录

第 一 章

珠海市低碳发展现状分析

　　2010 年，国家发展和改革委员会启动了首批低碳省（市）试点，广东省忝列其中。珠海市积极争取，开展了一系列扎实有效的低碳试点及推广工作，为广东省低碳建设积累了经验，成为省内主要试点城市之一。总结、提炼珠海市低碳发展经验具有一定的理论意义和实践价值。本章对珠海市经济社会发展总体水平及低碳发展现状做了梳理，藉此增强对案例所在地——珠海市发展现状的认识；探究珠海市城市定位、发展水平、区位特征、产业特色与低碳发展的契合性；提炼珠海市开展低碳城市建设的内在机制。

一、珠海市具备低碳发展的现实条件

　　无论从经济总量、产业结构等经济指标和居民生活水平等社会指标，还是从资源利用、生态环保等绿色指标看，珠海市已经具备了低碳发展的基础条件。一直以来坚持的"生态优先"理念，并没有让珠海市在经济发展上拖后腿，相反凭借优越的自然生态环境，珠海市在低碳发展方面积累了较大的"后发优势"。

（一）经济基础逐年夯实

自建特区以来，珠海市经历过三次大的产业结构调整，经济基础逐年夯实，发展潜力也正源源不断地被转化成增长动力。尤其近年来，伴随国内人口红利、出口红利的逐年减弱，经济发展方式的快速转变，珠海市生态优势、技术优势逐步显现。

1. 经济总量稳步做大。1980—2013 年，珠海市 GDP 保持了年均 13.2% 的增速。2008—2013 年，尽管受欧美次贷危机的不利影响，珠海市依然维持了较快的 GDP 增速，在继续保持优越的生态环境前提下，珠海市产业结构进一步优化升级，高端、绿色产业成为支撑珠海市发展的重要组成部分。

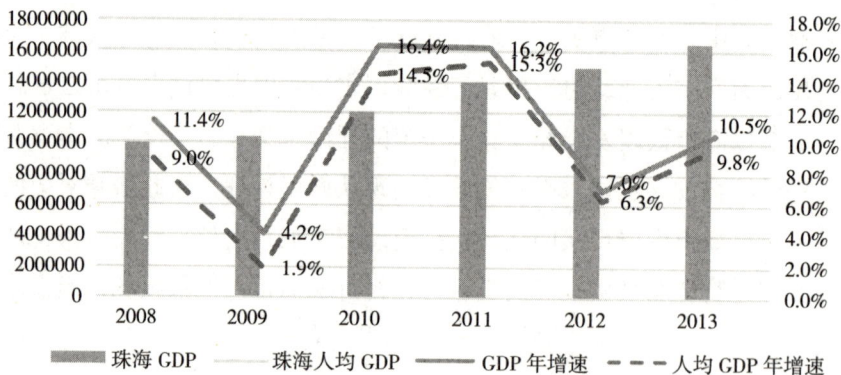

图 1–1　2008—2012 珠海市 GDP 增长情况

资料来源：《珠海市统计年鉴》2012 年版。

从人均 GDP 增速看，2000—2013 年珠海市年均增幅达 6.8%，在珠三角城市群中长期处于前列。2013 年珠海市人均 GDP 总量仅次深圳市（150551.61 元）和广州市（129242.12 元），位列第三；[①] 根据 2010 年世界银行对不同国家收入水平的分组标准，[②] 珠海市 2013 年人均 GDP 为 19012.39 美元，已达到富裕国家（地区）水平。

---

① 数据来源：《广东省统计年鉴》2012 年版。
② 按人均 GNI（国民总收入）计算，1005 美元以下是低收入国家；1006—3975 美元是中等偏下水平；3976—12275 美元是中等偏上水平；12276 美元以上为富裕国家。

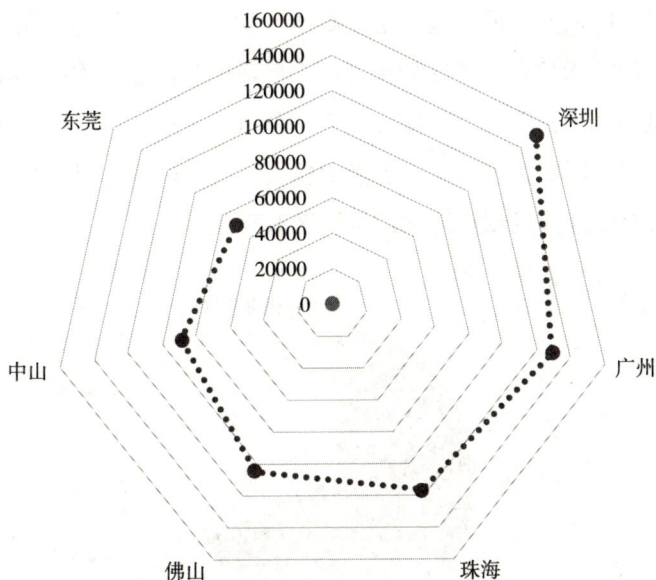

图 1–2　2000—2012 年广东省六市人均 GDP 总量排名变化

资料来源:《广东省统计年鉴》2012 年版。

从行政区看,在珠海市三大辖区中,香洲区经济总量最大,航空新城金湾区位列第二,第三是斗门区。

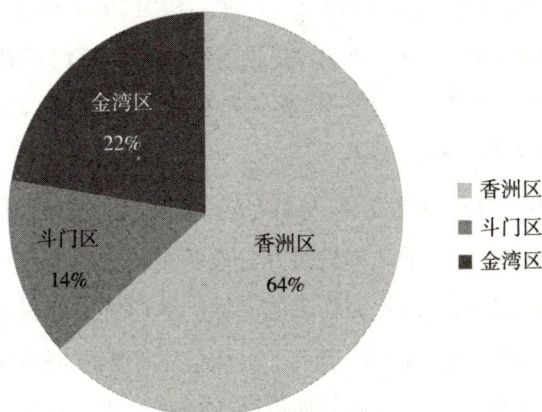

图 1–3　珠海市各行政区区生产总值

资料来源:《珠海市统计年鉴》2012 年版。

从功能区看,高栏港区凭借其港口优势,滩涂资源与国家级经济技术开发区政策优势,初步形成临港产业集群,生产总值占比超过功能区的一半，成为引领区域发展的主要力量；高新区主园区以高校为依托，以软件研发企业作为经济增长点，发展势头良好；伴随珠澳产业合作的深化，具有独特经济功能和享受特殊政策的保税区生产总值跻身前三；横琴新区虽然生产总值较小，但是国家级新区，发展潜力巨大；万山区拥有得天独厚的海洋海岛资源，具有海洋开发试验区和经济特区双重品牌。

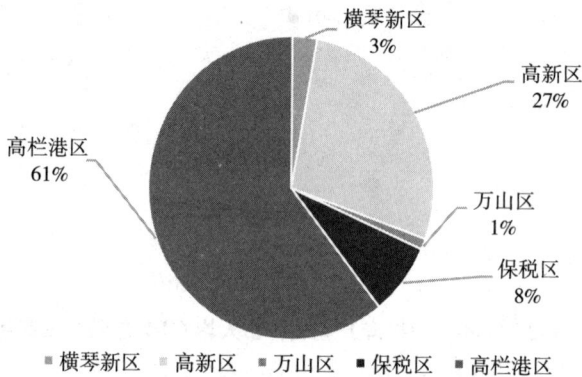

图 1-4 珠海市各经济功能区生产总值

资料来源：《珠海市统计年鉴》2012 年版。

2.产业结构不断优化。珠海市三次产业结构由 1980 年的 36.4∶31.8∶31.8 调整为 2013 年的 2.6∶51.9∶46.3。农业占比低，以高端制造业为代表的第二产业成为全市支柱产业，第三产业"先升后降"，蕴藏着巨大增长潜力，总体结构呈现稳定和优化趋势。

珠海市自 2007 年确立信息化学品制造、药制造业、航空航天器制造、电子及通信设备制造业、电子计算机及办公设备制造业和医疗设备及仪器仪表制造业六大主导产业后，以此为代表的高端产业得到迅速发展，对珠海经济发展形成强大带动作用。高端制造业、高新技术产业发展势头良好，家电电气、生物医药、精密机械制造业增加值同比增速加快；高栏港经济区升级为国家级经济技术开发区，三灶科技工业园生物医药产业入选国家新型工业化产业示范基地，海洋工程装备制造基地成为珠海市第四家省级战略性新兴产业基地，珠海航空产业园成为全国首个"国家通用航空固定运营基地发展示范区"，建成通用航空飞行服务站；2012 年服务业增加值增长 8%，占比达

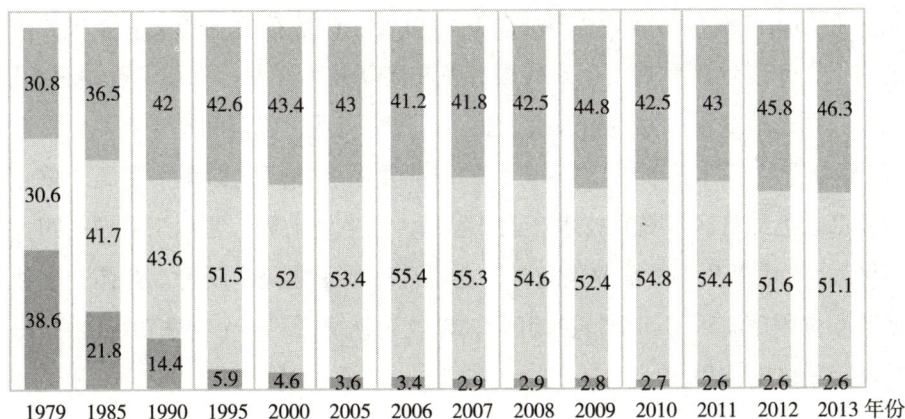

| 1979 | 1985 | 1990 | 1995 | 2000 | 2005 | 2006 | 2007 | 2008 | 2009 | 2010 | 2011 | 2012 | 2013 年份 |

图1-5　珠海市主要年份产业结构情况

资料来源：《珠海统计年鉴》2012年版。

44.5%，现代服务业增加值占比达到56%。①

表1-1　珠海市规模以上高技术制造业主要经济指标（单位：万元）

项目	企业单位数（个）	资产总计	主营业务收入	利润总额	利税总额	年平均从业人数（人）
高技术产业合计	215	8197726	9458815	377060	402043	169095
信息化学品制造	4	87190	38310	1569	1713	731
航空航天器制造	2	1464875	256479	29936	30278	1020
医药制造业	21	760810	643652	85551	89901	8360
电子及通信设备制造业	133	4949237	7644125	182535	197391	136715
电子计算机及办公设备制造业	28	525745	601191	31070	33797	15439
医疗设备及仪器仪表制造业	27	409870	275079	46400	48964	6830

注：本表行业按《国民经济行业分类2011》标准划分。

3.产业布局逐渐清晰。随着城市发展定位变化，特别是在"东部大转

① 珠海市发改局：《2012年珠海市低碳试点城市进展情况报告》。

型、西部大开发"的战略引导下，珠海市正在构建符合生态文明要求的产业格局，东部地区重点发展现代服务业和高新技术产业，打造"香洲服务"品牌；西部地区重点发展先进制造业、现代物流业、临港和临空产业，打造"西部制造"品牌。形成"4+4+1"的产业发展新格局，即集中资源，重点建设高栏港经济区、高新技术产业开发区、航空产业园、富山工业园"四大园区"，优化提升、做精做强南屏工业园、三灶工业园、新青工业园、平沙游艇与休闲旅游区"四个特色园区"，以及充分发挥"一个特殊功能区"——珠海保税区的作用。

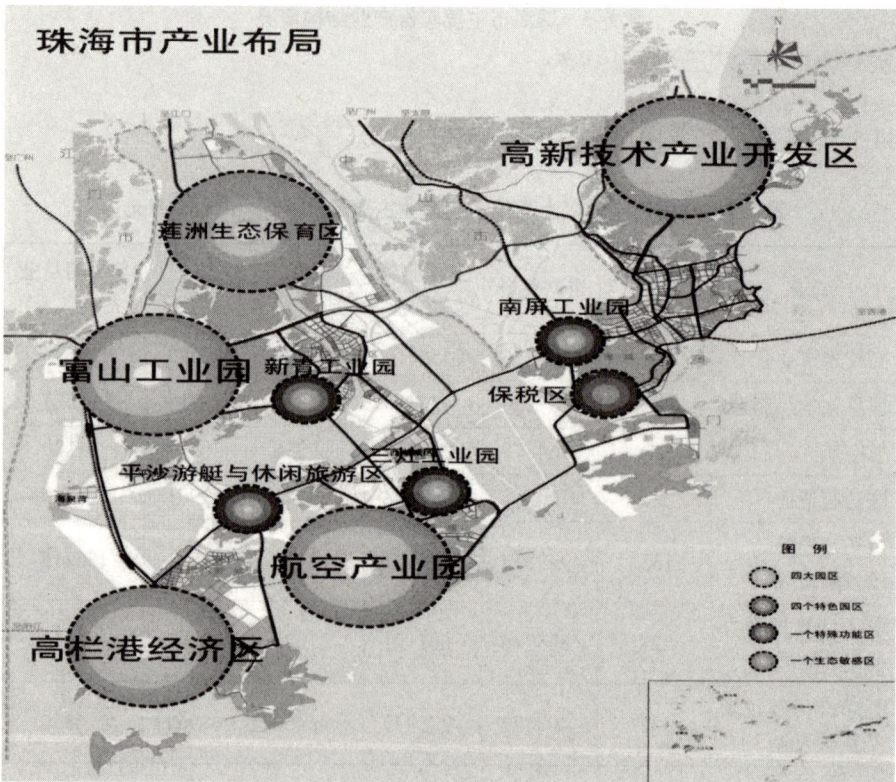

图1-6 珠海市产业布局

资料来源：《珠海特区报》。

4.传统高耗能企业的存在构成巨大挑战。近年来，珠海市耗能较高的石化、电气、机械产业也呈现较快增长态势。如炼钢业2011年增长速度达

16.9%，石油加工、烧焦及核燃料加工业增长102.2%，[①] 改造和提升传统"三高"企业，减少未来对能源资源的消耗，加快低碳城市建设，珠海市仍面临较大压力。

（二）社会民生建设成效显著

珠海市高度重视社会发展与民生保障问题。从每年落实"十件实事"到惠民生、办实事"30项工程"，珠海市不断增加民生支出，努力提高人民生活水平和质量。

1. 就业结构调整升级。统计显示，2013年比2008年全市一、二产业就业比重分别下降1.6和增加8.3个百分点，"三产"就业比重则有所下降，值得"二产"从业人员涉足领域也逐步呈现从劳动密集型向资金和技术密集型转变。

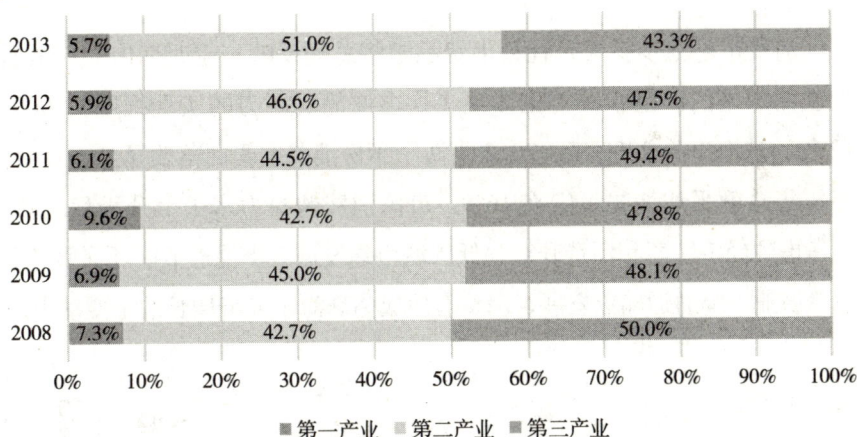

2013　5.7%　51.0%　43.3%
2012　5.9%　46.6%　47.5%
2011　6.1%　44.5%　49.4%
2010　9.6%　42.7%　47.8%
2009　6.9%　45.0%　48.1%
2008　7.3%　42.7%　50.0%

0%　10%　20%　30%　40%　50%　60%　70%　80%　90%　100%

■ 第一产业　■ 第二产业　■ 第三产业

图1-7　2000—2010年珠海市三次产业就业人数比重

资料来源：《珠海统计年鉴》2012年版。

2. 居民可支配收入稳步提升。居民可支配收入的增长高度依赖经济发展水平与政府民生投入。伴随着产业发展向高端、集群、生态的方向转型，

---

① 数据来源：《珠海市统计年鉴》2012年版。

珠海市经济增速稳中趋快，经济总量不断做大，为民生支出的大幅增长提供了保障。2007 年以来，珠海市城镇居民人均可支配收入已实现连续快速增长。

图 1-8　2006—2012 年珠海市城镇居民人均可支配收入及其增长速度

资料来源：《珠海统计年鉴》2012 年版。

3. 消费市场稳步扩大。社会消费品零售总额反映一定时期内人们物质、文化生活水平的满足状况，也体现了社会商品购买力的实现程度。2000—2012 年，珠海市除 2009 年、2012 年两个年份消费增幅回落明显外，社会消费品零售总额平均增幅稳定在 16%，市民消费购买力水平上升平稳。长期看，考虑到经济转型和消费升级，低碳城市建设进一步促进节能环保服务业、绿色旅游业、交通运输业发展，消费有望成为珠海市经济增长的主要动力。

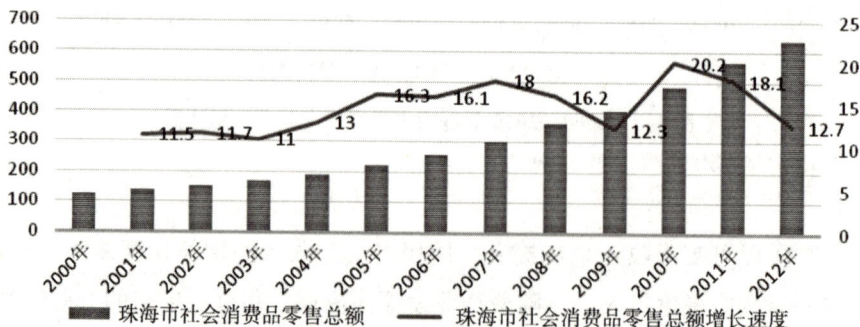

图 1-9　2000—2012 年珠海市社会消费品零售总额及其增长速度

资料来源：《珠海统计年鉴》2012 年版。

（三）资源利用日益优化

经济与环境的协调发展已成为城市发展的共同追求。珠海市通过建立财政专项资金，支持淘汰"三高"技术与设备，鼓励企业清洁生产、循环式生产，提高了传统能源利用效率，顺利完成了节能减排目标，走在了建设低碳城市的前列。通过实施大型绿色能源开发工程，有效利用现有可再生能源，为社会经济可持续发展提供动力。

1.传统能源碳排放量降低。近十年来，珠海市能源消费碳排放量总体呈上升趋势，[①] 由 2005 年的 3.53×10^6 吨增长到 2011 年的 7.03×10^6 吨，能源消费碳排放总量明显低于我国其他省份（约 10^7 吨）。碳排放增加是由于能源消费增多所致，对比可知（见图 1–10），二者增长趋势大致相同，2005

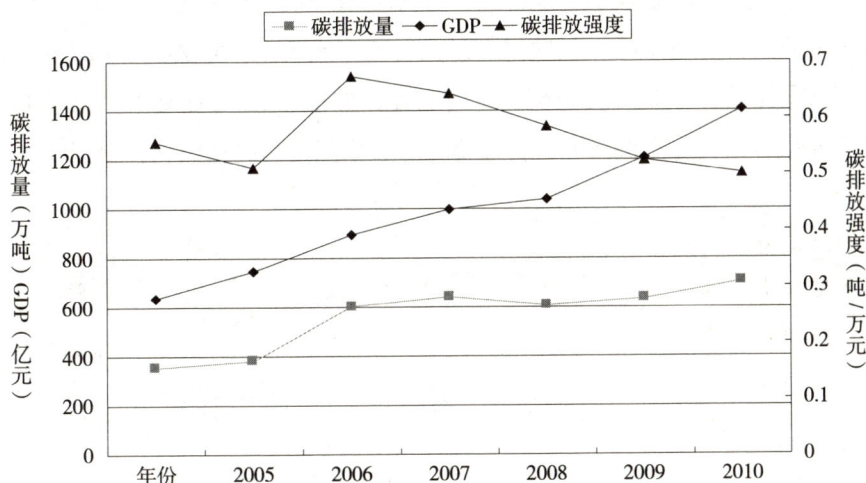

图 1–10　珠海能源消费碳排放量、碳排放强度与 GDP 变化图

资料来源：《珠海统计年鉴》2012 年版。

---

① 采用 2005—2011 年《珠海市统计年鉴》中的能源数据。计算碳排放量时主要考虑以下几方面：①只计算终端能源消费产生的碳排放；②不计加工转换过程、运输和输配损失能源的碳排放。能源消费碳排放量根据 IPCC 碳排放计算指南，结合珠海市能源统计数据的特点，采用以下公式计算：$A = \sum_{i=1}^{9} Bi \times Ci$，式中，$A$ 为碳排放量，104 吨；Bi 为能源 i 消费量，按标准煤计，104 吨；Ci 为能源 i 碳排放系数，（104 吨）/（104 吨）；i 为能源种类，取 9 类（原煤、焦炭、汽油、煤油、柴油、燃料油、液化石油气、其他石油制品、天然气）。

年以来能源消费碳排放量增长较平稳，同期 GDP 也保持平稳增长；但碳排放强度（万元 GDP 二氧化碳排放量）总体呈下降趋势，从 2005 年的 0.56 吨 / 万元下降到 2011 年的 0.50 吨 / 万元，整体保持较低水平（上海约 1 吨 / 万元）。从时间上看，碳排放强度除 2006 年有一次明显上升外，其余各年均保持下降趋势。

2. 能源单耗下降趋势明显。能源单耗是企业生产技术、节能对策及管理水平的综合指标。2005—2011 年，珠海市能源单耗总体呈现下降趋势（见图 1–11），其中，单位 GDP 能耗由 0.659（吨标准煤 / 万元）下降至 0.503（吨标准煤 / 万元），年均降幅为 3.3%；单位 GDP 电耗由 969（千瓦时 / 万元）下降至 837（千瓦时 / 万元），年均降幅 1.6%；单位工业增加值能耗由 0.943（吨标准煤 / 万元）下降至 0.796（吨标准煤 / 万元）。与此同时，珠海市还加快了天然气能源基础设施建设，2013 年末建成一期处理能力 350 万吨 / 年的珠海液化天然气（LNG）接收站，以及首期产能 80—120 亿方 / 年的中海油天然气陆上终端项目，实施配套管道工程，推进 LNG 冷能利用项目，扩大电源装机容量，提高调峰能力，加快珠海市能源结构的低碳化转变。①

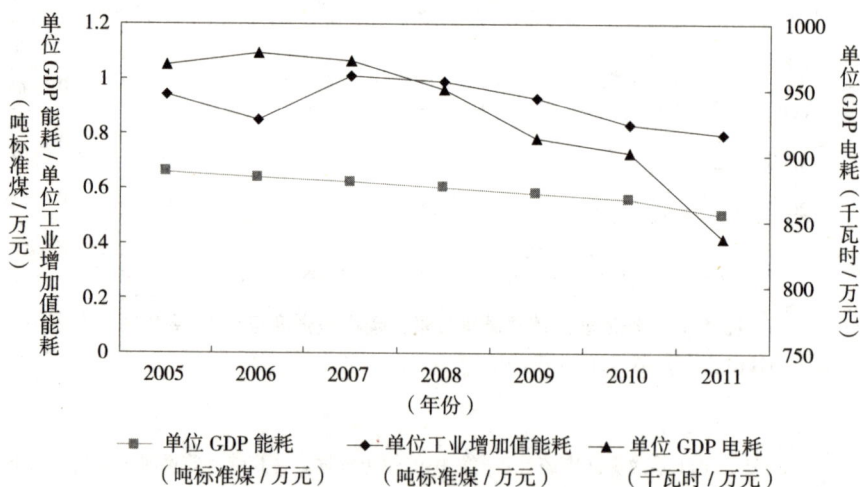

图 1–11　珠海市能源单耗变化趋势图

资料来源：《珠海统计年鉴》2012 年版。

① 珠海市发改局：《关于印发珠海市低碳试点城市实施方案的通知》。

3. 节能减排目标超额完成。"十一五"期间，珠海市单位 GDP 能耗下降 15.03%，全面完成下降 15% 的约束性目标，能耗水平继续保持在全省先进行列。不仅如此，珠海市单位 GDP 能耗由 2005 年的每万元 0.659 吨标准煤下降到 2010 年的每万元 0.56 吨标准煤，降幅比省政府要求的 15% 多出 0.03 个百分点。在此期间，珠海以 8.6% 的能耗增速支撑了 12.3% 的 GDP 增速，相当于节省了 59 万吨标准煤。其中，全市规模以上工业增加值能耗累计下降 11.7%，2010 年珠海能耗水平在广东省 21 个地级以上市中位列第三。[①]

按照既定规划，"十二五"期间珠海市单位生产总值能耗水平将由 2010 年的 0.56 吨标准煤 / 万元下降到 2015 年的 0.459 吨标准煤 / 万元，总体降幅 18%，年均下降 3.89%。[②] 尽管较"十一五"任务指标提高了 3 个百分点，但在 2011 年和 2012 年珠海市连续两年单位 GDP 能耗下降 3.89%，完成"十二五"期间年度节能目标任务形势严峻。尽管如此，由于珠海市在节能技改方面的巨大潜力，尤其是在工业领域，市科工贸信局将通过能源的结构性优化措施，保障低能耗的产业和企业优先用电、优先用能，通过调整产业结构、实现产业转型升级，未来实现节能减排目标的可能性依然乐观。

4. 新能源综合利用前景广阔

(1) 近海风能资源成为开发重点

资源条件：珠海市有比较辽阔的海域面积和丰富的海上风电资源，在未来 10 年风力发电方面将有很大空间。珠海市不仅是珠江三角洲沿海城市中海洋面积和海岛面积最大、海（岛）岸线最长的城市[③]，还是广东省风能资源较大的地方之一，年平均风速达到 6.0 米 / 秒以上，年平均风功率密度达到 $300W/m^2$ 以上。[④]

利用现状：珠海市大型风电厂有高栏岛风电场、横琴岛风电场项目。高栏岛风电场是目前珠海最大的风力发电项目，装机容量 4.95 万千瓦，66 台

---

① 数据来源：广东省统计局。

② 珠海市发改局：《关于印发珠海市"十二五"期间单位生产总值能耗降低指标分解方案的通知》。

③ 珠海市海洋经济发展"十一五"规划，2006 年 8 月。

④ 广东省气候中心，清远市气象局：《广东省风能资源分布的数值模拟》，2013 年 4 月 1 日。

750 千瓦风力发电机组。[①] 珠海市横琴岛风电场项目也属较大规模风电厂，所发电量通过石山变电站接入电力系统，不仅可以满足横琴区用电，部分能源还直接送到澳门和珠海南屏变电站，同时供应珠海市 3 万个普通家庭用电。在建的还有大唐胶南六汪风力发电项目、三一电气珠海海上风电场以及桂山海上风电智能电网项目，这些发电项目分海上风电和海岛智能微电网，全部建成之后也将提供大量风能电力。

（2）太阳能应用潜力巨大

资源条件：全市太阳能丰富，热量充足，年均日照时数为 1991.8 小时，太阳辐射年总量为 4651.6 兆焦 / 平方米，[②] 不仅如此，珠海市还具备发展太阳能的另一必备条件——空气洁净、质量高。从技术层面看，珠海市内还有世界上最先进的太阳能生产线制造厂家——施密特工厂，为发展太阳能提供良好基础。

利用现状：受益于国家的财政支持，珠海市光伏发电项目发展迅速。2011 年以来，珠海市获补助项目装机总容量为 24115 千瓦，共获补助资金 16629.44 万元。[③] 使用中的太阳能电站有：中国首个基于海岛的兆瓦级"风光柴蓄"智能微电网项目——东澳岛智能微电网，根据海岛独特的自然条件，整合了太阳能、风能和柴油新旧能源发电单元，建设成包括 1000kWp 的光伏（太阳能）发电、50 千瓦的风力发电和蓄电池储能系统在内的分布式供电系统，使全岛可再生能源发电比例达到 70%，海岛旅游淡季无需柴油发电。[④] 继东澳岛微电网建成后，大万山岛微电网发电系统成为第二个正式运营的海岛环保节能智能微电网，以太阳能、储能、有机柴油发电进行组合，除建设发电站外，珠海市万山区在万山、东澳、桂山、外伶仃岛安装的新型风光互补太阳能路灯和太阳能庭院路灯已有 718 盏。照明里程达 10 多公里，渔民安装太阳能光伏独立发电系统家庭照明和太阳能热水器的有 20

---

① 珠海新闻网，http：//www.zhnews.net/html/20110801/073548，312575.htm。

② 百度百科，http：//baike.baidu.com/link？url=jC0mq3sLAsT1nnFavRm3jecG3sHUbYODKnm T8t73L967wslAyAAKFaCqrGv7wjfz。

③ 珠海市发改局：《2012 年珠海市低碳试点城市进展情况报告》。

④ 广东新闻网，http：//www.gd.chinanews.com/2010/2010-12-28/2/79074.shtml。

多户。这些技术和项目都会在珠海市其他更广泛的地区进行推广。①

(3) 生物质能发展前景乐观

资源条件：长远来看，珠海具备生物质能发展条件。按照将秸秆、稻壳、树皮、杂灌等废弃物转化为高附加值能源产品的做法，珠海市活立木总储量为 255000 立方米，森林覆盖率达到 29%，② 具有丰富的林业资源；全年农作物播种面积 27.85 万亩，粮食种植面积约 11.36 万亩，农业资源发展平稳；③ 为珠海市利用生物质能提供了良好资源条件。

利用状况：珠海还未大规模开展生物质能应用，但整体发展趋势向好。根据国家战略性新兴产业发展"十二五"规划部署，确定生物质能为重点发展新能源产业之一，并确定未来 5 年时间，全国生物质能发电装机总量达到 1300 万千瓦，预计到 2015 年全国生物质能利用达到 4000 万吨标准煤。④ 参照凯迪电力的财务报表推算，生物质能发电成本约为 0.6 元（KW/h），⑤ 与珠海市目前的市民用电价格 0.6007 (KW/h) 元基本持平，未来生物质能发电项目需要相关政策支持。

（四）"碳汇"资源储备丰富

维护生态平衡，增加森林草地覆盖率，既是吸收温室气体、也是提升"碳汇"的重要途径。森林碳汇是目前世界上最为经济有效的"碳吸收"手段，有效地管理碳汇资源，加强对碳汇资源的管控，发挥地区碳汇潜力，能带动区域经济可持续发展。珠海市历来重视生态林业建设，已编制《珠海市城市总体规划（2001—2020 年)》《森林珠海发展规划（2010—2020 年)》等林业生态建设规划，明确建设生态园林城市的基本目标，致力于保存现有碳存贮量与增加碳库贮量，显现出巨大的"固碳"潜力。

---

① 经济日报，http：//paper.ce.cn/jjrb/html/2009-02/04/content_50962.htm。

② 数据来源：珠海市市政园林和林业局统计。

③ 数据来源：《珠海市统计年鉴》2012 年版。

④ 中国电力网，http：//www.chinapower.com.cn/article/1223/art1223876.asp。

⑤ 凯迪电力，http：//www.china-kaidi.com/。

1. 森林碳汇储量大。珠海市市区范围内水道遍布、山水相间、陆岛相望，城市内森林与绿地资源丰富，具备较强的碳汇能力。截至 2012 年，森林覆盖率达 29.51%，全市自然生态保护区面积达 222.32 平方公里，占城市土地总面积的 13.07%，红树林面积达 755 公顷，是华南地区最大的同类生态保护区。此外，珠海市自然资源形式多样，包括海洋、森林、山地、滩涂等，为低碳城市建设提供良好的先天"碳汇"基础条件。2013 年全市完成 1.5 万亩可交易碳汇造林工程种植任务，苗木成活率超过 98%，正在进行施肥抚育。2014 年将实施 1.08 万亩一般碳汇造林工程。[①]

2. 湿地固碳存量充沛。湿地由于高的碳累积速率和低的甲烷释放量使沿海湿地对大气温室效应具有明显抑制作用。珠海市湿地类型较多，湿地总面积达 189066.85 公顷，包含了近海与海岸湿地、河流湿地、沼泽湿地、人工湿地等 4 大湿地类 17 个湿地型，占全国湿地种类总量的 50%。滩涂属于湿地的一种，除了涵养水源，保护环境外，还有渔业养殖、围垦种养的作用。珠海市滩涂面积 30.46 万亩，占全市土地面积 12.69%[②]。珠海市正在通过湿地公园建设、湿地恢复、利用湿地处理污水等方式增加湿地碳汇。全市已有一处国家级湿地自然保护区、一处省级湿地自然保护区、一处市级湿地自然保护区、两处湿地公园即华发水郡省级湿地公园、淇澳红树林市级湿地公园。针对湿地功能减弱、生态环境退化的各类问题，《珠海市湿地恢复规划（2012）》提到重点兴建红树林湿地生态恢复与重建工程、湿地有害生物综合治理项目、水道河涌的生态恢复工程等，随着湿地保护的制度化与湿地监测中心的成立，湿地将充分发挥保护生物多样性、调节气候、美化环境等功能，对改善珠海市生态环境、建设低碳生态文明、促进社会经济可持续发展发挥重要作用。

3. 绿地规划前景可观。"十一五"期间，珠海市累计新增绿化面积 1580 万平方米，新增人均拥有城市公园绿地面积 3.5 平方米，分别比"十五"期间增长 34.1% 和 34.2%。有效改善了主要路段和新建城区绿化相对滞后、海

---

① 数据来源：珠海市市政园林和林业局。
② 数据来源：珠海市市政园林和林业局。

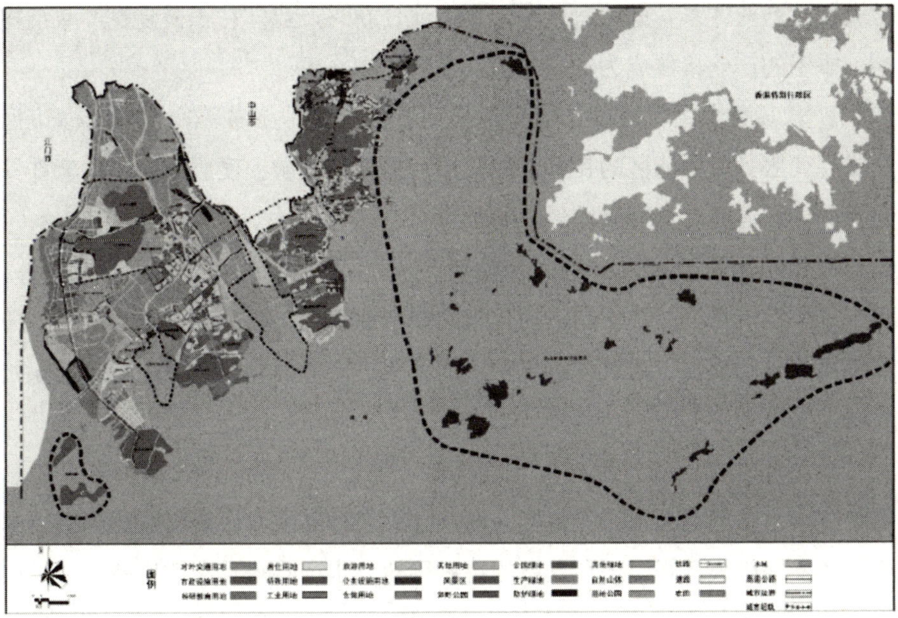

图 1-12　珠海市城市绿地系统规划——市域绿地规划总图（含海岛）

资料来源：珠海市住建局。

岸线与城区中心绿化不均衡、城市园林特色不足等问题，城市生态环境质量明显提高。

二、珠海市形成低碳发展的基础体系

生态环境一直都是珠海市的优势，同时也是增强珠海发展后劲的着力点。自 2010 年成为试点城市以来，珠海市逐步开展低碳产业、低碳交通、低碳建筑等一系列工作。从现有探索看，珠海市已初步形成了低碳发展的基础体系。

（一）低碳产业发展势头良好

根据珠海经济发展现状、资源禀赋、能源消耗等因素，目前有望形成三大低碳产业体系，即第三产业、制造业、新兴产业。在积极调整产业结构后，重组的产业集群成为低碳经济支撑的潜力。

1.第三产业蓬勃发展。依托现代商务、会展、旅游等产业，珠海市已形成现代服务业功能区的良好基础与出行框架。旅游、度假、会展、软件外包等服务行业成为珠海新的经济增长点。

2.传统制造业全面升级。珠海市现有的产业基础和海港、空港条件，吸引了大批以化工、装备制造为代表的制造业落地，这类产业资本密集、关联度高，带动性强，通过改造优化、培育引进，能引导产业高端化、低碳化发展。

3.循环型农业前景看好。凭借气候环境优势，珠海市东部生态农业总部经济区、中部健康水产养殖区、西北部生态种养区、西南部农业高新技术产业区发展势头良好。正在发展的特色种植、水产养殖、农产品精深加工和生态休闲旅游等现代农业，将引导珠海市农业向科技型、生态型、集约型、观光型的现代化"生态大农业"模式转变。

（二）低碳交通体系渐具规模

随着城镇化的快速发展，城市交通的能源消耗和二氧化碳排放也迅速增长，近年来珠海市小汽车年均增速达15%，远高于城市交通道路建设增长速度，为此，珠海市从公交系统的设施空间布局、运营服务优化和财务政策保障明确珠海市公交的发展规划，为珠海市低碳城市交通发展提供机遇。其核心规划包括整合城市空间发展与道路交通系统；明确公交优先发展战略；建立并普及慢性交通系统；打造无缝对接综合交通枢纽，最终全市推广"低碳出行"。

1.实现道路系统规划区域整合。过去行政区划及自然地理因素的限制，造成珠海呈现出明显的东西部地区空间割裂，交通设施不足、运输距离过长导致交通资源利用不足，碳排放增加。目前看，现有的道路交通系统已初成体系，在连续10年的"畅通城市"评比中，珠海市基本处于一等、二等管理水平。

表1-2　重要区域道路系统项目

项目名称	项目效果
珠海大道改造工程	衔接主城区道路与西部沿海快速路
香海路及洪湾至鹤州南高速等系列工程	打通连接珠海东西部交通大动脉
三台石路、兴业路、梅华路、九州大道为主的两横两纵快速路骨架	加强次干道与支路网建设，优化各登记道路接驳系统
细化横琴新区、唐家湾新城及西部中心地区道路系统	引导城市空间紧凑集聚，提高土地利用开发强度

2. 公共交通优先发展。根据2011年珠海市《综合交通运输体系规划》，珠海市确定优先发展公共交通，以"安全、便捷、舒适、经济、环保"为总体目标，形成以城际和城市轨道交通、大运量快速交通为骨干，常规公交车为主体，出租汽车等其他公共交通方式为补充，建立多层次、多维度、一体化的城市公交综合体系：

市内公交系统：自2011年起开通"大站快车"运营模式的公交快线BRT，构建以十条公交快线为主体的快速公交骨架网络，班次间隔全部控制在15分钟以内，提高了城市关键交通走廊的公交供给能力与运行效率。[①]同时，注重优先规划现有公交停靠站，解决部分公交线路过长、重叠及非直线系数过大等问题。通过新旧同步升级提高公交可达性、发车频率、覆盖范围，进一步降低珠海市民公交出行成本，提升选择公交出行的意愿。

城际交通系统：在已开通运营的广珠城际基础上，广珠城际延长线、机场城际、广佛城际和珠斗城际一期均已动工建设。此外，珠海、中山、江门三市交通局共同建设的珠中江交通基础设施一体化项目，共有"十横十四纵十五加密线"区域高快速路，"六横九纵十条加密线"区域主干路和9段市际联系支线。区域内交通基础设施的有效衔接与优化配置，降低区间出行成本，促进城市间紧凑发展。

3. 慢行交通系统迅速推广。珠海市提倡普及全市慢性交通系统，构建友好的慢性交通界面，引导居民采用"步行＋公交"、"自行车＋公交"的

---

① 数据来源：珠海市市政园林和林业局。

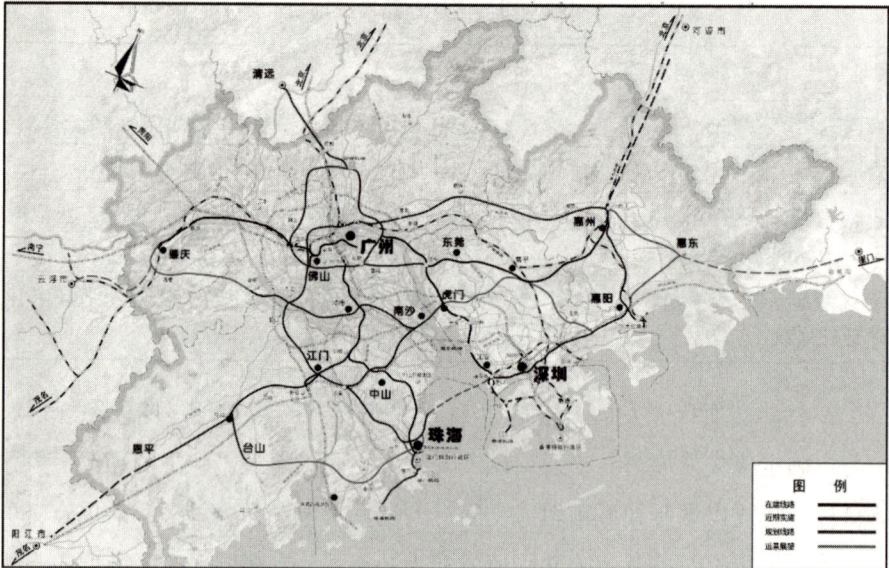

图 1–13　珠三角城际轨道交通规划图

资料来源：珠海市市政园林和林业局。

出行方式。最具代表性的推广措施就是公共自行车租赁系统。该系统借鉴国际最先进的智能租赁理念和信息化技术，实现自助刷银行金融IC卡"通取通还"，并采用网络数字化管理实现调度智能化，只需通过手机客户端应用便能实时了解全市的公共自行车租赁情况。按照规划，该系统将分三期建设，全部建成后服务范围可覆盖整个中心城区。《珠海市公共自行车租赁系统建设可行性研究及布点规划》全面实施完成后，公共自行车租赁系统将会结合现有公交系统以及全市绿道系统综合规划布局，实现公共自行车租赁系统与正在规划建设中的慢行交通系统有机结合。

4.构建交通减碳的财力保障。珠海市正在推进建立多元化保障机制，研究制定公交场站、专用道相关配建、管理规定，制定公交财税优惠政策，探索可持续公交场站设施用地综合开发机制；开展票价票制研究，研究引入虚拟票价模式方案；借鉴香港经验，开展各层次公交运营票价研究，实现差异化补贴；改革公交管理体制，成立公交管理中心负责场站设施建设，加强服务考核监管，逐步建立公交财政补贴成本核算机制。

（三）低碳建筑推行实施提速

1. 既有建筑超前节能改造。自 2003 年开始，珠海市率先探索采用合同管理方式对既有建筑进行技能改造，在此基础上出台一系列管理条例，将建筑技能改造制度化，加快节能改造管理方式转变，推动既有建筑节能改造。2006—2010 年间共使用新型墙体材料 8.78 亿块标准砖，折合节约土地面积 1449 亩，节煤 54436 吨，2012 年珠海市在全省建筑节能专项检查中综合评分排名第四，① 其中珠海宾馆改造项目 1—5 号楼获得住建部三星级绿色建筑设计标识，节能成果显著。

2. 可再生能源建筑推广应用。结合已有的合同能源管理模式，珠海市安排专项资金补贴进行节能改造，建立了 4 个可再生能源应用示范项目。2012 年以来，珠海市已有政府补贴扶持 23 个可再生能源应用示范项目，其中 8 个为太阳能光电建筑应用国家级示范项目，示范效应在逐步扩大②。

3. 规范管理体制日渐完善。在规章构建方面，珠海市 2012 年印发了《关于进一步推进珠海市绿色建筑发展的通知》，组织制定了《珠海市 2012 年建筑节能暨绿色低碳建筑目标责任实施方案》、《珠海市绿色建筑建设规划和应用导则》、《珠海市太阳能热水系统与建筑一体化技术指导》、《横琴生态岛绿色社区建设规划》等，推进各项绿色建筑工作有序开展；在材料监管方面，珠海市已率先完成"禁实"、"禁粘"工作；在节能监管体系建设方面，初步建立了"珠海市建筑节能示范项目能源监测管理和服务平台"；③ 在建筑节能闭合管理机制方面，确保新建民用建筑节能设计标准执行率 100%，建筑节能设计审查备案率 100%，施工阶段建筑节能标准执行率 100%。

---

① 珠海新闻网，http://www.zhnews.net/html/20101104/092139，269844.html。

② 数据来源：珠海市住建局。

③ 数据来源：珠海市住建局。

三、珠海市契合低碳发展的内在机理

目前，各低碳试点城市正在根据自身特点开展低碳城市建设，努力打造区域低碳发展特色。总体上，城市的低碳规划和自身定位、发展水平、区位特征、产业特色及低碳发展契合性息息相关。对全国其他城市来说，珠海市低碳发展道路也有值得借鉴的共性因素。

（一）低碳发展的核心要素

低碳发展是指碳生产力和人文发展均达到一定水平时的一种发展形态，旨在实现控制温室气体排放的全球共同愿景。碳生产力是指单位二氧化碳排放所产出的 GDP，碳生产力的提高意味着更少的物质和能源消耗产出更多的社会财富。人文发展是指在经济能力、健康、教育、生态保护、社会公平等人文尺度上实现经济发展和社会进步。基于以上定义，低碳发展包括四个核心要素，经济发展阶段、低碳技术、消费模式、资源禀赋[1]。用公式表达即为：

$$LCE=f(E, R, T, C)$$

设定 LCE 为总量指标，用碳排放核算基础数据表示；其中 E 代表经济发展阶段，体现在产业结构、人均收入和城市化等方面；R 代表资源禀赋，包括传统化石资源、可再生能源、核能、碳汇资源等；T 代表技术因素，指主要能耗产品和工艺的碳效率水平；C 代表消费模式，指不同消费习惯和生活质量对碳的需求或排放。[2]

---

[1] 付加风等：《低碳经济的概念辨识及评价指标体系构建》，《中国人口资源与环境》2010 年第 8 期，第 38—43 页。

[2] 潘家华等：《低碳城市：经济学方法、应用与案例研究》，社会科学文献出版社 2012 年版，第 8 页。

（二）珠海市低碳经济发展的 LCE 评估

1. LCE 总量指标。

主要采用珠海市二氧化碳排放核算基础数据作为参考标准（详见下表）。在测算基础上，对珠海市碳排放减排指标做了分解；通过详细的规划测量，完成对珠海市碳排放峰值年的测量和估计，形成低碳发展路线图和时间表。

表 1-3 珠海市二氧化碳排放核算基础数据表

	2010 年	2011 年	2012 年	2013 年上半年
煤炭消费量（吨标准煤）/ 折算 CO_2 排放量	5819840/ 15364378	6367510/ 16810226	5274024/ 13923423	2306275/ 6088566
油品消费量（吨标准煤）/ 折算 CO_2 排放量	551809/ 1147763	720799/ 1499262	1340790/ 2788843	811572/ 1688070
天然气消费量（吨标准煤）/ 折算 CO_2 排放量	330204/ 538233	382945/ 624201	441938/ 720359	484417/ 789600
装机容量（千瓦）/ 发电量（万千瓦时）	3018236/ 1693560	3067736/ 1692944	3040575/ 1531392	3040575/ 682239
用电量（万千瓦时）	1022561	1125587	1174700	560852
用发电差增减 CO_2 排放量	-4790930	-4050930	-2546780	-866700
GDP（亿元，当年价）	1202.58	1404.93	1503.81	735.45
GDP 增速（%）	12.8	11.3	7.0	9.3
二氧化碳排放总量（吨）	12259444	14882759	14885845	7699536
碳排放强度（吨 CO_2/ 万元 GDP）	1.019	1.059	0.990	1.047

2. 资源禀赋。

资源禀赋包括矿产资源、可再生资源、土地资源、劳动力资源及资金、技术资源等，除了与碳直接相关的能源和碳汇之外，还包括与碳间接相关的资源，如影响人居环境的气候资源和生态资源等。总体看，珠海市资源禀赋较好，可再生资源与技术资源为新能源开发利用提供了条件；碳汇储量与生态环境水平，成为低碳发展的重要优势；经济发展水平奠定了低碳发展的物质基础；人才储备与技术条件为低碳发展提供了人才和技术保障。

表1-4 珠海市资源禀赋一览表

	有无情况	资源储量	利用现状	发展前景
矿产资源	✓	主要矿产资源有水晶、铁、钨、锡、锰、钾长石、优质石英砂，储量小	民用及小规模开发	大规模应用可能性较小
可再生资源	✓	太阳能、风能储量丰富，生物质能发展条件较好	大型太阳能、风能发电站建设使用中	风能发电、生物质能发电推广应用发展可能性大
土地资源	✓	总面积全省排21位，土地资源绝对量较少，相对量在全省处中等水平	存在土地资源闲置、浪费现象	可持续利用，建立土地市场体制
劳动力资源	✓	全市人才资源总量37.12万人，约占总人口的23.8%，其中，技能型人才18.1万人，专业技术人才8万余	出台多项政策和引智项目，吸引人才	支撑驱动"三高一特"产业转型
资金	✓	经济发展水平稳步提升，GDP总量居全省前三	用于低碳建设资金较多，还可申请国家项目支持	财政保障体系仍需规范
技术资源	✓	技术人才总量较大，依托高校与产业园累积的技术资源较为丰富	高新技术发展：航空、制造、信息产业技术基础好	需进一步提升自主创新能力
碳汇	✓	森林与绿地覆盖率较高	绿地规划日益完善	湿地保护与生态农业为发展方向
生态资源	✓	生态环境保护水平一直较高	经济发展与环境协调发展	建成生态城市

3. 技术进步。

技术进步能从不同角度推动低碳化进程，包括能源效率、低碳技术发展水平、能源结构等。一方面，现阶段珠海市可再生能源及新能源利用技术、二氧化碳捕获和埋存（CCS）等领域的减排新技术发展已较为成熟；另一方面，珠海市能源结构高碳排放问题依然存在。从平均碳排放系数变化趋势可知，珠海市能源结构并未发生明显低碳化（见图1-14）；与世界主要发达国家相比，煤炭使用比例过高，而天然气使用比例明显偏低；一次电力在珠海市能源消费量中所占比例很小，必须进一步提高天然气和一次电力等低碳能源在能源结构中的使用比例。

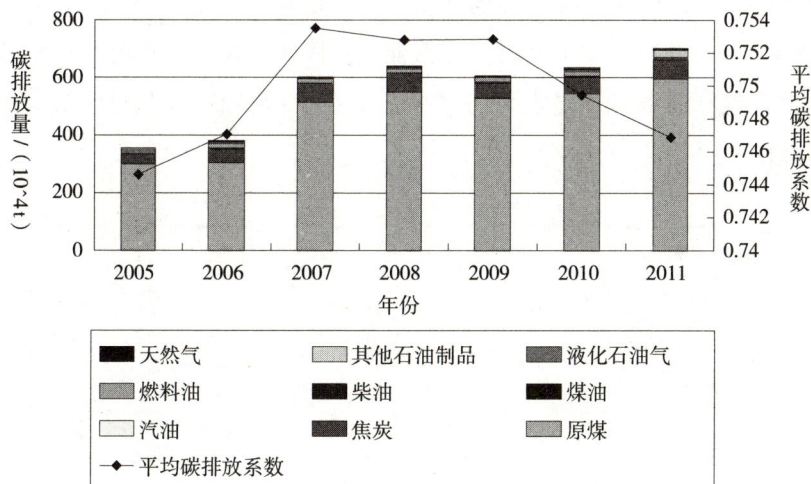

图 1–14　各类能源消费碳排放结构和平均碳排放系数

4. 消费模式。

形成低碳消费模式是建设低碳城市的必然选择。珠海市长期以来致力于生态保护和绿色城市建设，在能源消费、交通出行、建筑生活、政府公共消费以及居民日常生活消费等方面，都采取了一系列节能、绿色为导向的宣传引导措施，为构建低碳消费模式打下了坚实基础。一些典型的做法包括：在低碳出行方面，珠海市构建了较为发达的公共交通网络，大力发展公共自行车租赁信息系统；在低碳建筑方面，珠海市是国内少数几个较早开展建筑改造的城市，形成了以市场调节为主，通过利用热水能进行整改的措施；在公共机构中严格贯彻实行《公共机构节能条例》；在日常生活中，积极引导居民形成适度消费意识。总体上，珠海市具有形成低碳消费模式的潜质。

5. 经济发展阶段。

经济发展到一定阶段，社会财富的累积效应能够在两个方面促进低碳经济的发展：一是知识和技术积累引发低碳技术进步；二是对经济资本存量累计的需要大大减少，更多能源消耗被用在服务业发展和国民消费水平的提升上。我国城市的碳排放主要由生产投资和基础设施投入带动的资本存量产生，人口和经济对外扩张趋势明显，排放就会增加。根据环境库兹涅兹曲线①，珠海市正处于倒 U 形曲线的爬坡阶段②。随着人均 GDP 增长，珠海市的工业固体废物排放量、废水排放量和二氧化硫排放量已开始呈现下降趋势（见图 1-15—1-17），2006 年珠海市工业企业固体废物综合利用率为 84.3%，无害化处置利用率高于国家平均水平。③ 这为珠海市实现低碳发展打开了"时间窗口"。

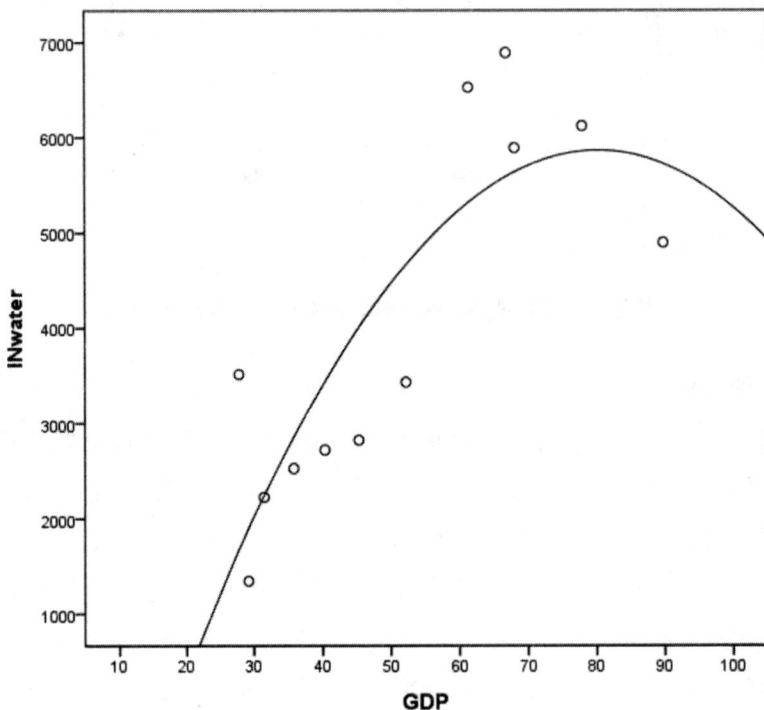

图 1-15　珠海市 2000—2011 年人均 GDP 与工业固体废物排放量的关系

通过对珠海市城市建设与低碳发展现状 LCE 情况的评估，证明了珠海市低碳发展与其资源禀赋、技术水平、消费模式、经济发展模式的契合度较

---

① 该概念由 Simon Kuznets 提出，环境质量退化与人均收入之间的关系呈"倒 U 型"曲线关系被称为"环境库兹涅兹曲线"。公式为 $y = a + bx + cx^2$。

② 数据来源：《珠海市统计年鉴》2012 年版。

③ 珠海市发改局：《珠海市循环经济发展计划（2008—2020 年)》。

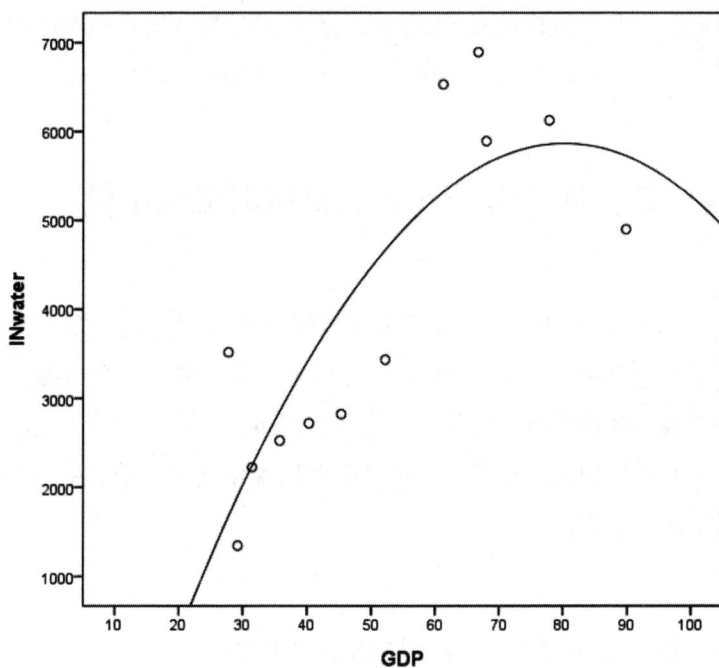

图 1-16 珠海市 2000—2011 年人均 GDP 与废水排放量的关系

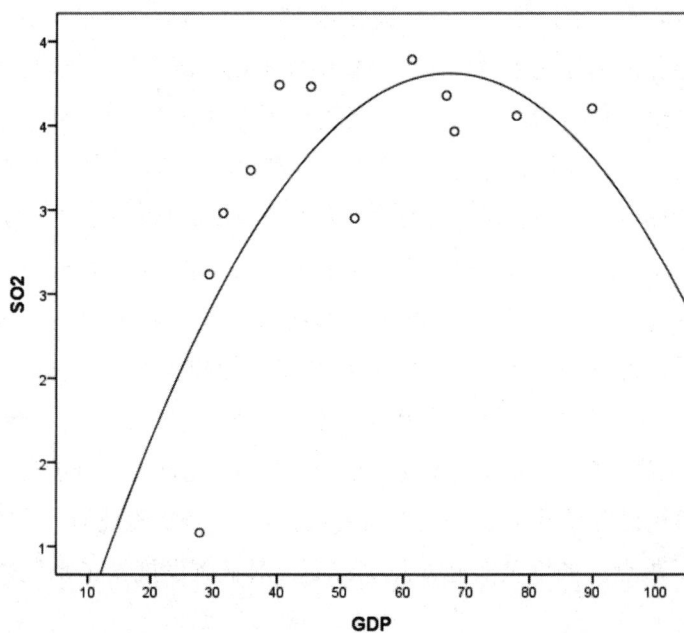

图 1-17 珠海市 2000—2011 年人均 GDP 与二氧化硫排放量的关系

高,珠海走低碳发展道路是完全适合的。对于其他城市的低碳发展而言,应该先根据此模型,明确自身优势和不足,补足薄弱环节,放大优势因素。

四、珠海市开展低碳发展的主要手段

在推进低碳试点过程中,珠海市明确提出要围绕建设"生态文明新特区、科学发展示范市"的核心任务,以实现"蓝色珠海、科学崛起"为目标,把控制温室气体排放作为保障经济社会绿色、低碳、可持续发展的重大战略。采取制定规划、分解任务目标及采取均衡化发展策略等主要手段,全面推进低碳试点工作。

(一)制定低碳发展、绿色城市总体规划

在广东省指导下,珠海市编制出台了《珠海低碳城市建设实施方案》。在规划起步阶段,引进吸收国外低碳发展的先进经验,珠海市与西门子(中国)公司合作编制完成了《珠海城市低碳技术规划研究》(上篇)、《珠海绿色城市规划研究》(下篇),对工业、交通和建筑领域进行能耗状况基础性分析,提出应用节能技术提高能效、合理开发利用清洁能源、促进生态文明建设改善生态环境、倡导低碳生活的优化方案。为贯彻落实《广东省人民政府关于印发"十二五"控制温室气体排放工作实施方案的通知》精神,珠海市制定了《珠海市"十二五"控制温室气体排放工作实施方案》。方案明确了温室气体排放控制的总体目标,提出到 2015 年全市单位生产总值二氧化碳排放比 2010 年下降 19.5%。控制甲烷、氧化亚氮、氢氟碳化物、全氟化碳、六氟化硫等温室气体排放取得成效。此外,在辖区层面着手开展相关规划编制工作,目前已有横琴新区、东澳岛制定通过了低碳实施规划,这些规划从主要目标、重点任务以及实施保障等方面,对低碳发展做了系统性的超前设计。

（二）多层分解，保障低碳发展目标落实

在实践层面，珠海市正在培育形成珠海特区城市和横琴新区低碳发展特色，建成一批具有典型示范意义的低碳园区、低碳社区、低碳企业和公共机构，推广一批具有良好减排效果的低碳示范项目、低碳技术和产品。针对低碳试点的重点部门工作任务以及主要区域的碳排放量指标，珠海市做了详细分解。

1. 明确了低碳发展主要目标。

按照建成"低污染、低排放、低投入和人居高品质、运营高效率、经济高产出"的低碳发展示范城市的要求，珠海市提出了低碳发展目标：经济发展质量明显提高，综合经济实力显著增强，产业结构和能源结构进一步优化，低碳理念更加深入人心，低碳产业优势更加突出，低碳社会建设全面推进，健康、节约、低碳的生活方式和消费模式逐步确立，居民生活质量进一步提高。到 2015 年，万元 GDP 二氧化碳排放量（碳强度）比 2010 年下降 19.5% 以上，全社会能源消费总量控制在 1088 万吨标煤以内，完成广东省下达的考核任务。

2. 职能部门层面的任务分解。

对低碳工作进行了 9 个方面（重点工作 8 项，加评价考核 1 项）的分解，涉及 20 多个职能部门，基本涵盖所有政府部门，采取的是各区政府和市有关职能部门对本地区、本部门控制温室气体排放工作负总责、各职能部门各负其责的模式。

表1-5　主要任务在职能部门间的分解

主要任务	主要职能部门
综合运用多种控制措施	市发展改革局、科工贸信局、国土资源局、环保局、财政局、法制局、住规建局、交通运输局、市机关事务管理局、海洋农渔水务局、市政园林和林业局、供电局、文体旅游局、卫生局、食品药品监管局、质监局
开展低碳发展试验试点	市发展改革局、横琴新区管委会、科工贸信局、住规建局、民政局、质监局、应对气候变化工作领导小组、财政局、地税局、金融局、国税局、珠海银监分局、人民银行珠海市中心支行

主要任务	主要职能部门
建立温室气体排放统计核算体系	市发展改革局、环保局、统计局、质监局、科工贸信局
配合协助做好碳排放权交易试点工作	市发展改革局、横琴新区、经济功能区、市质监局
推动全社会低碳行动	市发展改革局、教育局、市机关事务管理局、财政局、科工贸信局、环保局、交通运输局、住规建局、食品药品监管局、供电局、国资委、市委宣传部
广泛开展对外合作	市发展改革局
保障工作落实	市发展改革局、科工贸信局、环保局、海洋农渔和水务局、统计局、质监局、气象局、国土资源局、高新区、教育局、横琴新区、人力资源和社会保障局、环保局、气象局
保障工作落实	横琴新区、经济功能区、市监察局、发展改革局、人力资源和社会保障局、财政局、金融局、人民银行珠海市中心支行
加强对控制温室气体排放目标责任的评价考核	横琴新区管委会、经济功能区管委会、涉及目标分解的各级政府

3. 各辖区层面的任务分解。

按照广东省下达的珠海市"十二五"期间单位生产总值二氧化碳排放降低19.5%的考核任务,相应制订各区方案。各区碳减排任务根据"十二五"单位GDP能耗下降考核指标,综合考虑各区能源消费总量及结构状况、节能低碳技术应用、发展清洁生产、开发利用新能源和可再生能源潜力、改善生态环境提高碳汇能力以及营造低碳生活方式氛围等因素制定。

表1-6 珠海市"十二五"期间单位生产总值碳排放降低指标分解方案

地区	2010年能耗总量(tce)	用电量占总能耗比重%	按照2010年可比价计算的单位GDP能耗	十二五"能源消费强度下降%	"十二五"碳排放强度累计下降%	2010年碳排放强度基数(tco₂/万元)	2015年碳排放强度控制目标(tco₂/万元)	"十二五"碳排放强度年均下降%
全市	6334200	47.59	0.524	18	19.5	1.166	0.939	4.24

续表

地区	2010 年能耗总量（tce）	用电量占总能耗比重 %	按照 2010 年可比价计算的单位 GDP 能耗	十二五"能源消费强度下降 %	"十二五"碳排放强度累计下降 %	2010 年碳排放强度基数（tco₂/万元）	2015 年碳排放强度控制目标（tco₂/万元）	"十二五"碳排放强度年均下降 %
高栏港区	1908346	19.92	1.148	25	28	2.831	2.038	6.36
香洲直属	2513656	47.97	0.379	20	21.5	0.842	0.661	4.73
斗门区	1078592	71.12	0.664	20	22	1.341	1.046	4.85
金湾直属	482645	76.62	0.387	20	21.5	0.763	0.599	4.72
高新区	267996	69.93	0.386	18	19.5	0.783	0.630	4.26
保税区	64173	82.92	0.343	13	14.5	0.657	0.562	3.08
横琴新区	18792	84.22	0.406	−6.4	−8	0.773	0.835	−1.56

（三）整体推进，实施均衡化低碳发展战略

根据低碳城市试点的总体要求，珠海市制定了低碳城市试点总体实施方案，对即将开展的工作进行了部署，明确了全面推进产业低碳化、交通低碳化、能源低碳化、建筑低碳化、生活低碳化，加强节能和提高能效，重点推进产业低碳化、交通低碳化，增加森林碳汇的主要任务；打造"横琴低碳示范区"、"低碳示范社区"、"低碳示范企业"和"低碳示范公共机构"四项示范工程；提出了三阶段工作进程，并对低碳试点工作 20 项内容做了明确分解。总体上，珠海市低碳试点呈现了整体推进和均衡发展的特点。

表1-7 "十二五"珠海市低碳试点工作计划表

序号	工作事项	完成时间	负责单位
1	成立珠海建设广东省低碳试点城市工作领导小组	2012年6月底	市发改局
2	编制珠海市低碳试点发展规划	2012年年底	市低碳试点城市工作领导小组办公室牵头委托编制，领导小组各成员单位配合
3	编制横琴新区低碳示范园区规划	2012年年底	横琴新区管委会
4	建立"十二五"各区碳强度下降约束性指标目标任务分解下达及完成情况考核办法	2012—2013年年底	市低碳城市试点工作领导小组办公室
5	编制碳减排相关专项规划	2012年年底	市低碳试点城市工作领导小组各成员单位
6	建立健全工作体系	2012年年底	各区（经济功能区）政府（管委会）
7	研究建立温室气体排放的统计体系，探索建立独具特色的城市碳减排评价指标体系。	2012年年底	市环保局、市统计局
8	推进产业低碳化，推动产业发展的高端化和集聚化，构建循环经济体系	2012—2015年	各区（功能区）政府（管委会）、市发改局、市科工贸信局
9	推进能源低碳化，加快能源基础设施建设，发展清洁能源	2012—2015年	各区（功能区）政府（管委会）、市发改局
10	节能和提高能效	2012—2015年	市发改局、市科工贸信局、市市政园林和林业局、市供电局
11	推进交通低碳化，打造交通畅顺城市，推广新能源汽车。	2012—2015年	市交通局、市发改局
12	推进建筑低碳化，做好公用建筑节能，建设生态居住区。	2012—2015年	市住房和城乡规划建设局、市科工贸信局
13	加强生态环境建设，增强森林、湿地碳汇	2012—2015年	市市政园林和林业局

序号	工作事项	完成时间	负责单位
14	开展低碳示范	2012—2015年	横琴新区管委会
		2012—2015年	各区（经济功能区，保税区除外）政府（管委会）
		2012—2015年	斗门区、金湾区政府
		2012—2015年	科工贸信、海洋农渔、交通、文体旅游、市政园林等市直有关部门、各区（经济功能区）政府（管委会）
15	组织开展低碳发展知识专题培训	2012—2015年	市委组织部、市低碳试点城市工作领导小组办公室
16	组织开展低碳社会宣传倡导活动	2012—2015年	市委宣传部
17	开展碳排放权交易体制机制	2013年年底	横琴新区管委会
18	推进建立温室气体排放监测体系	2013年年底	市气象局
19	探索开展建立碳标识等低碳认证制度	2013年年底	市质监局
20	制定完善低碳发展的财政、税收国土规划配套政策	2012—2015年	市国土资源局
			市发改局、市科工贸信局
			市政府金融工作局
			市财政局
			市人力资源和社会保障局、市教育局

第二章

珠海市低碳产业发展政策体系

发展低碳经济是加快转变经济发展方式的现实选择，也是低碳城市建设的重要根基。"低碳经济模式要求与之相对应的产业模式支撑其发展，即低碳产业。"[①] 目前国家层面正在酝酿出台低碳产业发展规划，"重点抓好工业、建筑、交通和公共机构、城镇化等重点领域的节能，发展一系列低碳产业。"[②] 珠海市在长期发展过程中，坚守生态环境底线，谋求经济与环境的协调发展，没有走很多发达地区"发展中污染"的老路，极大地降低了低碳改造成本，为开展低碳城市建设奠定了基础。在低碳产业发展方面，珠海市以转变经济发展方式为主线，将低碳理念融入到产业结构调整过程中，以大力发展高端现代服务业为核心，以实现能源低碳化为重点，坚持循环经济导向，立足"三高一特"（高端服务业、高端制造业、高新技术产业、特色海洋经济和特色农业）产业定位，正在走一条低能耗、低排放、高收益的产业转型道路。

[①] 刘传江、章铭：《低碳产业发展研究动态评述》，《生态经济》2012 年第 2 期。

[②] 方家喜：《国家酝酿低碳产业发展规划》，《经济参考报》2013 年 8 月 23 日。

一、低碳产业的内涵与外延

国内外对于低碳产业尚没有明确一致的界定。从国外看，低碳产业是作为一个区别于传统高碳行业类别提出的，各国都有不同的划分方式，英、美、欧盟等发达国家一般把新能源产业及节能产业列为低碳产业的主要组成部分，但在低碳产业具体构成上却不尽相同（见表 2–1）。尽管如此，理论界对低碳产业在节约能源和降低碳排放上的特性达成共识，都认为应把低碳技术研发和应用作为低碳产业发展重点。

表 2–1　部分发达国家关于低碳产业的划分[①]

英国	替代燃料	核能利用、其他替代燃料	
	其他替代燃料	车用替代燃料、新能源汽车、电池	
	建筑节能技术	节能管理	照明节能控制、暖通空调节能控制、工业节能管理、咨询培训教育行业、电器产品节能控制、天然气输送节能控制
		建筑节能	保温隔热墙材、节能门窗、建筑节能设计、建筑用能检测和控制系统
欧盟（英国除外）	风能、太阳能、生物能、智能电网、核能及新的设备、新技术等		
美国	新能源、减少温室气体排放的政策、碳排放与交易市场、节能建筑、太阳能、风能等新能源及发电技术、智能电网、第二代生物燃料		
日本	太阳能热水器、中小水电和地热、低碳和低资源消耗的绿色化工、环境友好型钢铁生产、创新水泥生产等 36 项技术		
韩国	光伏、风力、高效照明、电力 IT、氢燃料电池、清洁燃料、高效煤炭 IGCC、CCS 和低碳储藏等		

低碳产业至少包含低碳产业化和产业低碳化两个范畴。低碳产业化是以低碳技术为内核，实现包括清洁能源、节能减排等低碳相关领域的产业化

[①]　李金辉、刘军：《低碳产业与低碳经济发展路径研究》，《经济问题》2011 年第 3 期。

发展。产业低碳化则指利用碳捕捉、碳封存、碳蓄积、节能减排等低碳技术和手段对包括传统农业、建筑业和制造业及交通运输等产业进行改造和升级。以此为出发点，在前人研究的基础上，我们把低碳产业体系分解为五大行业：第一类是低碳行业；第二类是依靠低碳技术进行改造的高碳行业；第三类是低碳技术改造行业；第四类是碳交易行业；第五类是提供或产生"碳源"的行业，也被称为碳汇行业。本章以这一产业体系作为探讨低碳产业政策的出发点和落脚点，构建低碳产业政策分析的一般性框架，并试图回答政府如何通过完善产业政策体系，构建低碳产业五大类行业长期、快速发展的保障机制和动力机制；结合对珠海"低碳城市"试点建设过程中低碳产业发展重点政策的梳理，提炼经验，找出不足，形成低碳产业政策制定、实施的研究链条和逻辑体系。

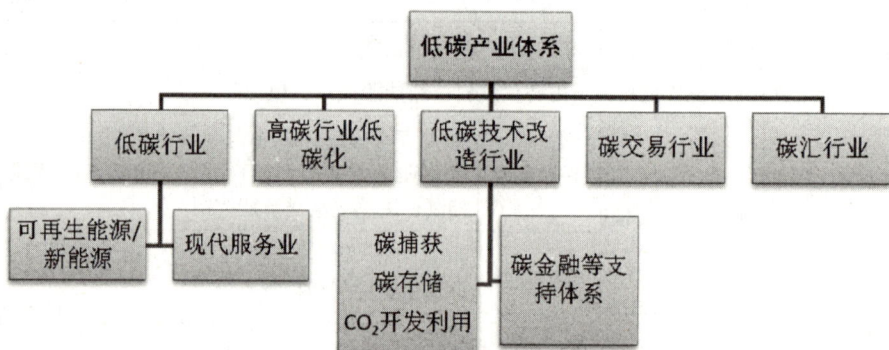

图 2-1　低碳产业体系构成图

二、低碳产业政策的作用形式

产业政策是一国或地区为实现特定目的而主动采取的干预产业活动的行为。适时、有效的产业政策是实现产业健康快速发展的重要保障。由于低碳发展尚处于起步阶段，应通过制定和实施合理的产业政策，纠正低碳产业发展固有的公共产品、外部性等"市场失灵"属性，抓住新一轮国际产业结构调整和全球价值链重塑的契机，实施"赶超战略"，提高国际竞争力。

（一）低碳产业政策体系要素构成及内涵

一个完整的政策体系，通常包括政策对象、政策目标、政策内容、政策工具、政策实施机构以及政策的决策程序、方式等要素。从低碳产业政策构成看，产业政策对象和目标已基本清晰，即加快促成由五大行业构成的低碳产业体系建设，尽快替代"高能耗、高排放"的传统产业结构。产业政策内容则包括产业结构政策、产业布局政策、产业组织政策和产业技术政策四个层面。产业政策工具有直接干预和间接引导两种。结合不同的政策内容和工具，政策实施机构是动态变化的，且多数政策的制定出台都是以自上而下的形式进行。当然，地方政府在能够自主决定的政策领域范围内，也具有一定的先行先试权。因此，低碳产业政策可以界定为，在遵循低碳产业发展规律基础上，综合使用政策工具，促进低碳产业体系构建过程。低碳产业政策是低碳产业结构、布局、组织与技术政策的综合体。

（二）低碳产业政策体系的分析框架

在实现低碳政策总目标过程中，构成产业政策内容的不同分支也实现着各自不同的子目的，这些子目的与低碳产业体系构建相辅相成。具体而言，产业结构政策目的在于实现由工业主导向服务业主导的产业结构转变，尤其是要加大新能源使用比重，打破传统严重依赖化石燃料的能源格局；产业布局政策目的在于实现地区开发与资源、能源禀赋相协调，与资源、环境承载能力相匹配，划定优化开发、重点开发、限制开发和禁止开发区域以及落实各产业的空间分布等；产业组织政策目的在于遵循市场规则，在企业层面严格能耗控制，通过搭建产权交易平台，实现 CO_2 排放总量控制条件下的有效分配；产业技术政策目的在于加快重点耗能企业实现技术改造，并为 CO_2 采集、回收、再利用提供有效的技术支持。通过与低碳产业体系中五大行业的对接，可以发现这些子政策能够服务于低碳产业体系的搭建，从而为理论分析及经验总结提供一般性分析框架。

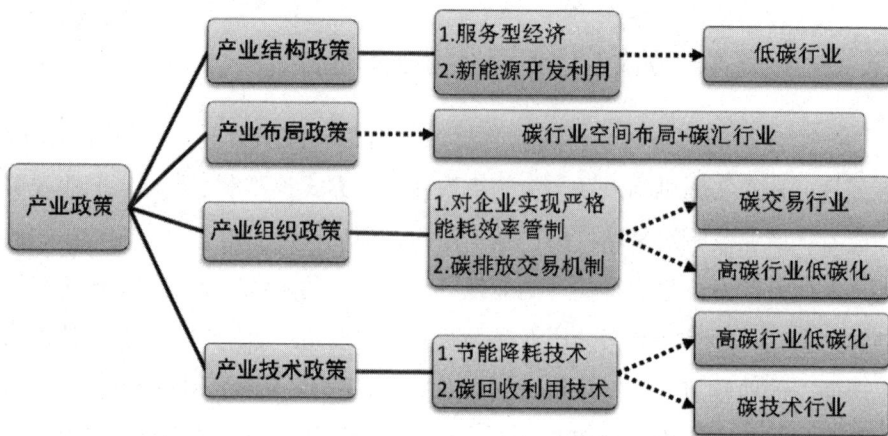

图 2–2　低碳产业政策分析框架

（三）低碳产业政策工具特征与调整趋势

近十年来，在各项政策激励的作用下，中国一跃成为全球风能、太阳能、锂电池、电动车、核能等低碳能源领域领先的少数几个国家之一。这些政策工具包括"积极的收购技术、采购补贴、研究与开发补贴、国内采购定价、区别对待国内国外的技术设备、利用关税和增值税手段以及清洁能源机制"等。[①] 在总结国内外低碳产业政策基础上，按照强制性、引导性两种分类方式，可以对产业结构、布局、组织和技术政策进行梳理，形成具有普遍意义的低碳产业政策工具。

表 2–2　低碳产业政策工具分类

	引导性政策（间接引导）	强制性政策（直接干预）
产业结构政策	财政补贴；税收减免/加重；政府采购引导；绿色信贷，贷款优惠/禁止贷款；绿色基金；加速/延长折旧；宣传引导，改变消费结构；行业协会引导约束；员工转业培训	制定低碳法律法规；强制关停并转；制定限制性能耗及排放标准；强制配额

---

① RichardH.K.Vietor：《中国低碳产业为何超越了美国》，《经济参考报》2013 年 6 月 7 日。

	引导性政策（间接引导）	强制性政策（直接干预）
产业布局政策	空间规划引导＋激励政策； 生态保护补偿机制	强制高碳企业搬迁； 设立禁止开发区
产业组织政策	企业税收减免/加重； 构建碳交易市场； 设置产品碳标签	设置进入和退出壁垒； 淘汰落后产能、关停高碳排企业；
产业技术政策	政府资助、研发补贴、直接奖励； 税收优惠； 技术贸易支持政策； 发展教育事业，奖励发明创造； 为企业提供技术指导，技术人员进修	

　　与一般性产业支持政策类似，我国低碳产业政策也存在一些不容忽视的痼疾，突出表现为"重结构、重补贴，轻组织、低效率"，即造成产业政策重点集中于产业结构优化升级，而忽视产业市场绩效提升。由于政策出台、实施过程中存在一定的激进性和盲目性，造成了很多行业出现产能过剩状况，降低了运行整体效率，对行业长远、健康发展不利。因此，未来低碳产业政策调整应当由低碳产业结构政策、低碳产业布局政策向低碳产业组织政策转变，由行政干预模式向市场替代模式转变。以产业组织政策为核心，配合产业结构政策，把低碳技术发展作为重要动力，充分发挥市场机制调节作用，提高生产效率，构建更加健全、更有效率，兼具经济效益和生态效益的低碳产业体系。

三、珠海市低碳产业政策实践

　　结合低碳产业政策体系分析框架，对珠海市低碳产业发展的政策与实践进行梳理。在产业结构政策方面，珠海市主要通过明确产业定位，制定产业发展规划来实现结构调整；通过财政补贴等激励方式，扩展新能源等的普及利用。在产业布局政策上，一方面明确了主体功能区，划定了限制及禁止开发区，加大了对"碳汇"①地的保护；另一方面，也明确了产业及园区集聚的方向，通过集聚效应助力低碳发展。在产业组织政策上，通过间接引导的方式，不断培育壮大低碳节能企业；开展循环经济试点，并在制度约束上采取严格目标责任制和准入审查措施；发挥服务职能，协助做好碳排放交易准备工作。在产业技术政策上，珠海市着重在碳减排技术研发以及环境质量检测技术等方面寻求突破，并取得了一定成效。

（一）产业结构政策

产业结构政策是通过确定产业的构成比例、相互关系和发展序列，为实现产业结构合理化和高级化而实施的政策。珠海市产业发展定位几经周折，很多人反思"珠海错过'三来一补'加工业发展的原始积累阶段，追求跨越式发展高新技术产业，结果造成珠海工业竞争力整体弱化，工业进程启动落后于周边地区"。②但换个角度，工业进程启动慢，客观上也保留了优质的生态环境，规避了"先污染后治理"的老路，省去了"腾笼换鸟"的阵痛，为下一步规划建设奠定了更大的后发优势。

1. 明确"三高一特"产业定位。

决策层对于珠海城市产业发展定位已基本清晰。2010 年出台的《关于促进珠海市产业结构调整的实施意见》，确立了"六大"主导产业，明确提出禁止发展严重浪费资源、破坏生态环境等产业。在低碳城市试点中，珠海市又进一步提出产业高端化的发展思路，立足"三高一特"（高端服务业、高端制造业、高新技术产业、特色海洋经济和特色农业）的产业定位，编制《珠海市"三高一特"现代产业体系规划》，制定《关于加快产业转型升级打造"三高一特"现代产业体系的意见》，明确了珠海市中长期产业结构调整和产业发展路线图。2013 年发布的《珠海市产业发展导向目录（2013 年）》

---

① 碳汇：一般是指从空气中清除 CO_2 的过程、活动机制。主要是指森林吸收并储存二氧化碳的多少，或者说是森林吸收并储存二氧化碳的能力。

② 钟良：《珠海"工业主导"却现结构性缺失，再探新型工业化》，《21 世纪经济报道》2010 年 7 月 3 日。

区分了优先发展、鼓励发展、限制发展和禁止发展四类产业（见表2-3）。

表2-3　珠海市产业发展导向目录摘要

类别	主要类别		
优先发展类	（一）高端制造业和高新技术产业	（二）高端服务业	（三）关键基础产业
鼓励发展类	（一）先进制造业	（二）传统优势服务业	
限制发展类	（一）国家、省限制的项目	（二）本市限制的项目	
禁止发展类	共39项		

2. 产业低碳化趋势明显。

结合珠海市发展实际，从"三产"占比情况看，以先进制造业为主的第二产业一直发挥着主导作用，但服务业占比呈现新一轮回升趋势，产业发展低碳化趋势明显。近年来，珠海市加大了污染企业搬迁力度，"曾为珠海经济发展做出贡献"的能耗大户纷纷迁出；24个工业园区撤并整合成8个，重点发展占地少、用工少的"两少"项目；有研发、有品牌"两有"项目；高技术、高效益的"两高"项目，限定污染物排放量，从源头上控制污染。与此同时，积极发展低碳产业，尤其是在电力、交通、建筑、冶金、化工、

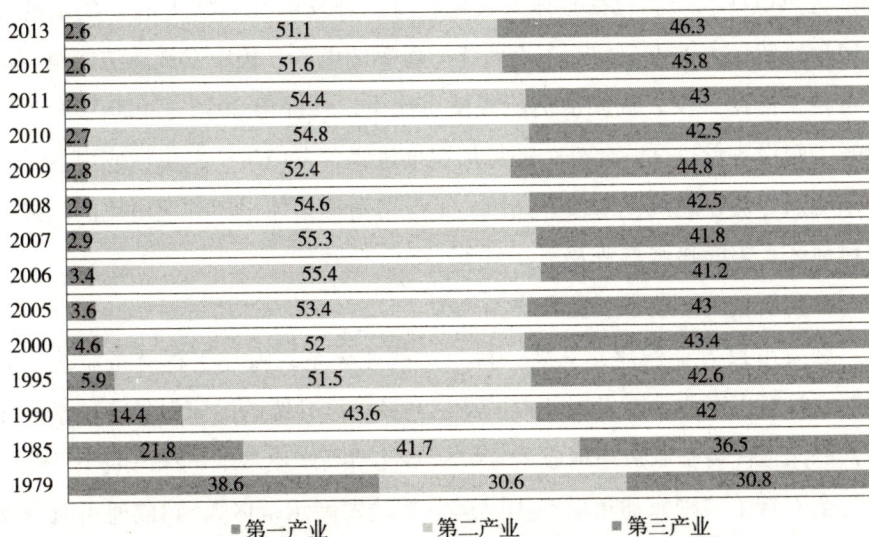

图 2-3　珠海市 2000—2012 年三次产业结构构成

资料来源：《珠海市统计年鉴》2012年版。

39

石化等能耗高、污染重的行业先行试点，作为探索低碳经济发展的重点领域；选择发展"都市型、外向型、生态旅游型"农业；坚持海陆统筹，发展海岛旅游、海洋科技和现代渔业；建立以低碳农业、低碳工业、低碳服务业为核心的新型经济体，体现出鲜明的低碳化特征。

3. 清洁能源、新能源普及利用加快推进。

能源产业政策是产业结构政策的重要组成部分。珠海市以煤为主要原料的能源结构正在被打破，传统化石能源逐渐被天然气取代，"热电联供"在全市推广，2015 年珠海市居民天然气改造将全部完成。新能源政策是未来产业政策调整的"重头戏"，新能源主要包括太阳能、风能、生物质能、海洋能、地热能、核能等低碳能源。作为低纬度、素有"百岛之市"之称的珠海，太阳能及风能的开发利用潜力巨大，珠海市也认识到这一优势，正在推进新能源产业体系建设。根据规划，珠海市到"十二五"末期，新能源利用占能源结构的比重将达到 7.3%，超过国家新能源城市规定的标准。目前全市最大的风力发电项目——高栏岛风电场项目已进入试运行阶段，一年能减少二氧化碳排放 16.8 万吨。通过国家财政补贴政策，珠海市光伏发电项目也发展很快。未来几年，珠海市提出要高标准加快能源基础设施建设，统筹推进热电冷联产和包括整体煤气化联合循环发电（IGCC）在内的清洁煤发电项目建设，不再规划、布点新建燃煤燃油电厂。集中发展清洁能源，加快可再生能源开发，提高清洁能源使用比重，并提出 2015—2020 年海上风电开工建设容量目标。此外，还将加快推进光伏发电生产、生活应用，扩大太阳能热水器在医院、学校、宾馆、工厂宿舍等集体用户的应用比例，提高农村地区太阳能热水器普及率。

4. 高新技术产业发展提升快。

珠海市致力于构建"三高一特"的产业体系。海洋工程装备制造、通用航空等新兴产业不断发展壮大。高栏港经济区升级为国家级经济技术开发区，海洋工程装备制造基地成为省级战略性新兴产业基地，珠海航空产业园成为全国首个"国家通用航空固定运营基地发展示范区"，建成通用航空飞行服务站。加快发展现代商务、会展、旅游等产业，提升横琴新区口岸服务区、游艇产业综合配套服务集聚区、珠海港物流园区的层次水平，2012 年，珠海市第三产业投资增长 24%，现代服务业增加值比重提升至 56%。

（二）产业布局政策

产业布局政策是政府在综合经济技术特性、国情国力状况和各类地区综合条件的基础上，对若干重要产业的空间分布进行科学引导和合理调整的意图及其相关政策措施。产业布局不能直接带来碳排量的减少，却能够优化低碳能源布局，实现能源产业发展与当地经济、环境因素的耦合。

1. 明确划定功能分区。

珠海市于 2012 年编制完成《珠海市主体功能区规划》，在国家和广东省划定珠海"优化开发区"这一框架下，严格划分"提升完善区、集聚发展区、生态发展区和禁止开发区"布局范围和功能定位，对包括全市各级自然保护区、森林公园、风景名胜区、饮用水源地、重要湿地以及陆地海拔 25 米以上山体在内的生态保护区域严格禁止开发，为积累"碳汇"创造了稳定来源。

2. 推进产业园区化。

"产业集聚程度提高将促进碳排放强度的降低，因此可以通过促进产业集聚的形成和发展来降低碳排放强度"[1]。珠海市坚决推进产业发展园区化，提出将所有新增工业企业项目全部进入工业园区，园区以外的新增工业项目一律不予审批。同时对于城区老工业项目，积极通过"三旧"改造等措施促其进入园区，以园区集中的资源供给和完善的配套服务帮扶其不断更新技术手段，助力产业升级。这种集中布局，实现产业集聚、土地集约的格局，既能够发挥产业链条的经济效益，也对降低碳排放大有帮助。

3. 多方面增加"碳汇"。

珠海市利用海洋、森林和湿地优势，做了大量卓有成效的工作。珠海市正在推进新一轮绿色珠海大行动和森林进城围城工程，建设绿道网、生态

---

[1] 邑敏、赵洪梅：《产业集聚是否促进了低碳发展——来自中国制造业的证据》，《经济与管理》2013 年第 6 期。

景观林带和碳汇工程林。加强海洋生态保护，探索建立蓝色碳汇生态功能区。珠海还继续做好湿地自然保护工作，目前正在制定相关保护条例，争取形成更具约束性的规定。此外，珠海市正积极委托广州林业研究所进行"碳汇"测量工作，摸清"碳汇"家底。

专栏一：横琴新区滨海湿地公园

横琴新区滨海湿地公园由法国 AMA 公司担纲设计，以"山脉田园，水脉都市"为设计理念，打造一流精品湿地公园。公园总面积约392公顷，包括芒洲湿地片区和二井湾红树林湿地片区。其中，芒洲片区被列为建设起步区率先开建，面积约60公顷，将作为城市湿地生态专题的宣教展示和精品休闲社交的公共公园来设计；二井湾片区面积约332公顷，将围绕滨海红树林生态专题的重点修复、鸟类招引及观赏公园来建设。横琴滨海湿地公园以"芒海浮绿，长湾聚灵"为规划理念，将建成珠江口区域珍稀的红树林湿地资源区、东亚及澳大利亚候鸟迁徙的舒适驿站，打造国际一流的精品湿地公园、鸟类生态家园。

横琴滨海湿地公园预计总投资超过6亿元人民币，该工程于2011年11月启动建设，目前已投入4000万元，建成2000平方米横琴海洋生态修复展示厅，完成30万平方米蕉林清理整治，种植净桑、秋茄、桐花、老鼠勒、银叶、黄谨等适合本地生长的真红树、半红树及红树林伴生树种16个品种12万余株，建造300米栈道、600平方米亲水平台、观景台等。

（三）产业组织政策

产业组织政策是政府通过市场机制使企业之间资源合理配置而制定的政策。在培育低碳节能企业上，珠海市积极发挥市场调节机制，形成了"创造需求—形成市场—激励企业"的路径模式。如由于《珠海市建筑节能及可再生能源利用"十二五"规划纲要》提出，2015年绿色建筑面积要达到200万平方米，这也是广东省给珠海市的"硬任务"，从而孕育出一大批绿色建筑产业和优秀节能企业，典型的如格力集团推出了全球领先的直流变频高效中央空调；兴业新能源公司在光电和光热系统应用领域走在全国前列；LED、节能锅炉等节能产品生产企业涌现；一大批节能产品上市公司、节能服务型企业相继出现，全市节能领域现有企业超过 100 家，发展前景普遍被看好。

1. 加大高排放企业循环经济改造力度。

推进在高栏港经济区、高新区的循环经济试点工作。如在高栏港经济区，以珠海碧阳化工（BP）为代表的先进石油化工产业实现了高效清洁生产，通过采用最先进的技术成果，大幅降低能源和物料消耗，将工厂的温室气体排放减少 65%、废水排放减少 75%、固体废物排放减少 40%、每吨 PTA 耗能仅 65 千克标准煤。[①] 珠海市还将通过延伸产业链的方式，在未来一段时期，依靠"补链"把产业链发展成生态链，在产业内部和产业之间形成资源能源的闭路循环，减少废弃物处理的温室气体排放。

2. 设置较高的项目环境准入门槛。

在涉及低碳企业的制度约束上，珠海市对节能目标实行严格的责任制，加大对新投资项目的节能审查力度，形成了企业低碳化改造的强力约束机制。在具体工作中，一是合理控制六大高耗能行业增幅，实施节能重点工程和节能管理、监督，推广节能技术，加大对重点耗能企业的节能改造力度；二是对全市批准的固定资产投资项目全面实施固定资产投资项目节能评估和审查。目前珠海市所有新申请的煤电项目都遭"一票否决"，主要排放企业的烟气排放、脱硫已经做完、脱硝工作正在推进。

3. 服务碳交易市场机制建设。

珠海市曾设想在横琴新区建立碳排放产权交易所，但由于在珠三角地区的激烈竞争很难取得突破。在《关于印发广东省碳排放权交易试点工作实施方案的通知》发布后，珠海市转变思路，做了大量宣传、准备工作，如对纳入碳排放控排的企业摸底调查、建档备案；对纳入碳排放总量控制配额管理范围、作为交易主体的控排企业实行监督管理；协助做好对林业碳汇等类项目补充参与温室气体自愿减排交易单位的申报备案等，发挥了积极的服

---

① 经济日报，http://paper.ce.cn/jjrb/html/2009-02/04/content_50962.htm。

务作用。2013 年珠海市协助配合广东省建立碳排放权管理和交易机制，按照《广东国家低碳省试点工作要点》的部署和要求，在建立碳排放权和交易制度、建立碳排放信息报告和核查制度、建立碳排放管理和交易电子信息系统、建立碳排放权交易一级市场、运行碳排放权交易二级市场、建设林业碳汇管理制度、制定碳排放权交易价格调控监管政策方面积极协助配合。

专栏二：珠海开展服务于广东省碳交易机制的工作

1."重点碳排放"企业纳入广东省历史信息排查项目（已完成）。

2.核定各个"重点碳排放"企业的碳排放量（已完成，虽有虚报情况，但通过科学调研与精密计算已尽量避免，结论较具公信度）。

3.根据各企业现状，未来每年会给定碳排放的合理压缩幅度，超量需要通过交易购买。

4.大力推广碳交易模式，逐年增加"重点碳排放"企业的数量。

（四）产业技术政策

产业技术政策是引导或影响产业技术创新的政策，主要包括技术自主开发政策、技术引进政策、技术扩散政策等。低碳经济发展最大的"坎"是低碳技术。为此，珠海市以科技为先导，加大对节能降耗低碳技术研发和创新能力的培育，重点开展了对温室气体的捕集技术、富氧燃烧技术、燃烧后脱碳技术、节能和清洁能源、煤的清洁高效利用、油气资源和煤层气的勘探开发、碳捕集和封存、清洁汽车技术等的研发。

1.将技术政策贯穿于规划制定中。

2008 年，珠海市制定出台了《珠海市循环经济发展规划（2008—2020年)》，提出发展循环型工业、农业、服务业，建设循环园区，推动资源能源高效利用，在重点行业、企业设立技术开发和应用示范工程等，"把技术创新作为提高资源能源利用效率的主要动力"。

2.利用现代化监测手段观察、通报环境质量。

珠海市已经建立起覆盖全区域的包括环境空气自动监测系统、水质安全预警系统、环境噪声自动监测系统在内的现代化综合监测体系，设定新标准，并按要求开展了二氧化硫（SO_2）、二氧化氮（NO_2）、一氧化碳（CO）、臭氧（O_3）、可吸入颗粒物（PM10）和可入肺颗粒物（PM2.5）监测，监测数据通过"珠海市环境空气实况发布平台"管理系统直接与"广东省环境信息综合发布平台"和"珠三角区域空气质量实况发布平台"对接。

3. 服务于广州低碳交易所开展低碳交易准备工作。

珠海市积极支持专业技术服务机构建设，推动为低碳发展和碳排放权交易服务的相关监测、检测、认证、核查和咨询等专业机构加快发展，配合广东省培育一批能力较强的技术服务机构。此外，还将开展温室气体监测工作，建立珠海市应对气候变化的温室气体监测网站，获取珠海市大气温室气体浓度等基础资料，为低碳发展工作提供科学监测支持。在加强应对气候变化对外交流合作方面，珠海市通过与西门子公司的沟通联系，深化合作，目前已由西汀子公司完成了《珠海市低碳城市技术规划》，接下来将制定原则性实施方案，启动一批试点项目和示范工程。

四、本章小结

珠海市已经构建了较为完整的低碳产业政策体系，体现出既"重结构"、"重布局"，又"重组织"的特点，取得了显著成效，为低碳城市建设打下了坚实基础。从政策实施方式层面看，行政性或带有一定强制性的政策运用显得过多，短期内这些政策取得了较好效果，但长期看，由于存在有限理性、不确定性、非对称信息、代理问题等弊端，政策效应将大打折扣。未来，珠海市在税收、补贴、价格和贷款政策等激励性、服务类政策的间接支持引导方面，还有很大施展空间。此外，在产业技术政策运用上，珠海市也有较大发展空间。

面对下一阶段低碳城市建设对产业结构调整的新要求，珠海市应继续利用市场化手段，加快形成以现代服务业为主导的产业体系；利用行政强制与市场机制相结合的方式，调整工业内部结构、大力发展循环经济；以产业组织政策作为核心，将更多企业纳入碳排放交易机制，鼓励低碳技术研发和应用，尽早实现技术升级，把低碳产业政策落到实处。结合低碳城市试点要求，提出以下建议：

一是警惕重化工业"入侵"。近年来一批炼化、冶炼行业进入，这要求珠海市必须坚持"三高一特"的产业发展思路，严格限定项目准入门槛和准入区域。并按区域特点划分不同功能区，积极申报循环经济示范区，一方面要加大既有产业的低碳化改造，另一方面要在增量上严格控制。

二是大力发展环保产业。珠海市环保服务业发展已有一定基础，但尚处于成长期的初级阶段，行业内企业多集中于废弃物、水污染治理等传统的环保领域；部分企业能提供一些环保咨询服务。高栏港区石化产业项目的建设，既是对珠海环境的一大挑战，也是珠海环保产业大力发展的机遇，可考虑将其打造成环保产业基地，设立环保产业园，吸引企业参与港区开发以及环境污染治理。此外，随着国家投入的加大，环保服务及咨询业与环保产业其他细分行业的协调发展，将形成巨大的产业力量。珠海市应积极利用自身优势，支持第三方机构的涌现，促进环保服务及咨询业的发展。

三是突出发展以"三高一特"为重点的现代服务业。充分利用横琴新区建设、国内投资消费转型和争取粤港澳自由贸易区的有利时机，积极承接港澳现代服务业转移，重点引进总部企业和龙头项目，突出发展物流、金融、商务会展、休闲旅游、文化创意、信息服务等高端服务业，提升商贸、餐饮等传统服务业水平，推动现代服务业加快发展，将珠海建设成国际商务休闲旅游度假区。

第三章

珠海市低碳消费政策实证研究

低碳发展既要求改变传统的高碳生产模式，更需要打破维系这一模式存在的消费方式和生活方式。在全球性碳减排的强力推动下，低碳消费作为一种崇尚健康、文明、生态的行为，已形成普遍共识。城市是低碳消费实施落地的核心区域，肩负着重要的引领、示范职责。尤其对东部较发达城市，整体上消费群体已进入有能力负担低碳商品、践行低碳理念的阶段。在推进"低碳城市"建设过程中，珠海市充分发挥各方合力，把落实低碳消费和倡导低碳生活相结合，在能源消费、交通出行、建筑生活、政府公共消费以及居民日常生活消费等方面，出台了积极而有成效的政策。本章在设计低碳消费政策分析框架，梳理珠海市低碳消费政策经验基础上，通过问卷调查、实地访谈等方式，对公共机构、居民低碳消费政策行为认知进行实证分析，指出低碳消费政策与消费行为的内在逻辑关系，并指出目前不足和下一步调整方向。

一、城市低碳消费及其影响因素

"消费异化是现代西方社会出现生态危机的主要根源"①，卡尔·波兰尼

---

① ［英］卡尔·波兰尼：《大转型：我们时代的政治与经济起源》，冯钢、刘阳译，浙江人民出版社 2007 年版。

在 20 世纪 40 年代提出的观点至今越发具有解释力。针对城市发展过程中人口、资源、环境问题突出的问题，西方发达国家率先提出城市低碳消费理念，其基本内涵可理解为，"城市居民在生产和生活过程中，自觉选择那些二氧化碳排放较低的物质资料和生活方式，以减少城市'温室气体'排放，降低大气中二氧化碳的浓度，从而达到降低大气'温室效应'和城市'热岛效应'的目的。"[①] 同一般性商品的消费行为类似，城市低碳消费模式由低碳消费理念、低碳消费方式和低碳消费行为三部分构成。实现低碳发展，建设低碳城市，目的在于向大众灌输低碳理念，推广、普及低碳消费生活方式，养成全社会共同认可的低碳消费行为，进而从消费端形成倒逼机制，避免产业发展的"锁定效应"，实现城市生产由高碳模式向低碳模式的转变。

在践行低碳消费理念过程中，西方发达国家已走在前列。典型的做法包括出台相关法律法规、推行碳标签制、政府率先示范、利用财政补贴、税收激励及政策宣传手段等。在理论研究上，西方国家"侧重绿色消费的价值判断、绿色消费影响因素的模型检验和绿色消费的政策工具选择，客观上经历了一个从宏观到微观不断调适的过程"[②]。而国内研究还更多地停留在概念、内涵界定，特征及意义影响等方面，由于实践方面的滞后性，缺乏相应的经验总结和有效的低碳消费模式构建方法，难以形成具有普遍意义的指导框架。

国际经验表明，当人均 GDP 超过 3000 美元后，一国或地区的整体消费结构将由生存型向发展型、生态型模式转变。2012 年我国人均 GDP 达到 6100 美元，珠海市人均 GDP 超过全国平均水平两倍多，城镇居民人均可支配收入 2.45 万元，在承受低碳商品价格，践行低碳消费理念方面有能力、有条件开展先行探索。

---

① 潘安敏、陈略：《城市低碳消费模式探讨》，《消费经济》2010 年第 3 期。

② 许光：《基于低碳视角的"绿色消费"研究综述》，《当代社科视野》2011 年第 5 期。

二、低碳消费政策分析框架

消费心理、消费方式和消费行为是构成消费过程的三大组成部分。低碳消费政策通过影响这个过程，进而达到改变整体消费结构的目的。具体到低碳消费政策而言，主要有以下四种：一是低碳消费宣传和引导政策。包括建立低碳消费教育引导的领导、组织、宣传工作机制；组织政府等公共部门先行示范；利用各种主题宣传活动，运用电视台、报纸及相关媒体宣传低碳，在全社会形成低碳消费的共识。二是积极出台低碳消费的扶持政策。如对购买低碳产品的消费者给予财政补贴、对生产低碳产品的企业给予减免税收政策优惠、建立低碳技术研发基金等。三是实施高碳消费的惩罚性政策。对碳排放量较大的企业或个人征收碳排放税，多排放多交税；实行差别化的能源税。四是建立有序的低碳消费市场规则。如制定低碳产品的统一分类标准，实行低碳消费品的准入制度，对不符合低碳标准的产品设计相应的退出机制。

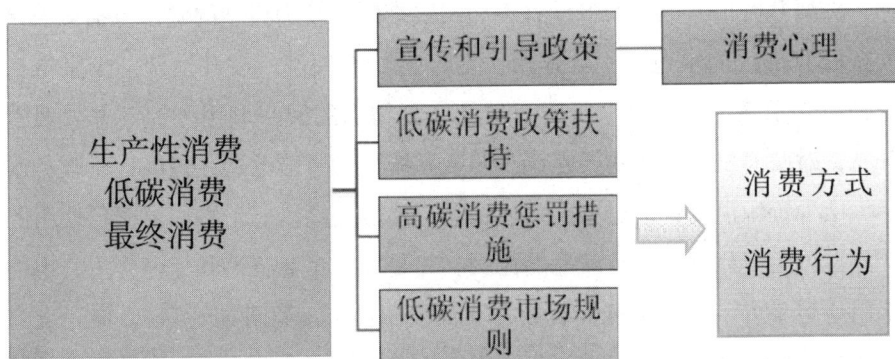

图 3-1　低碳消费政策分析框架

三、珠海市低碳消费实践经验

珠海市已经出台的低碳消费政策、开展的低碳消费活动，主要集中在能源消费、交通出行、建筑生活、政府公共消费以及居民日常生活消费等领域。突出特点是发挥政府、企业、社区及社会组织等各方合力，将低碳消费理念融入到倡导低碳生活中。利用低碳消费政策分析框架，可对珠海市低碳消费实践进行梳理：

（一）宣传和引导

珠海市积极倡导低碳消费，积累了丰富经验。如创建了一批"绿色学校"、"绿色社区"和"环境教育基地"，形成了覆盖范围广泛的环境宣传教育网络。仅 2010 年，珠海市企业、社区、学校就开展各类低碳环保宣传活动 100 多场，派发宣传资源手册、单张等 15 万份。[①] 从 2011 年开始，珠海市每年都开展"节能宣传月"活动。2013 年在首个"全国低碳日"来临之际，珠海开展了大范围的低碳宣传和实践推广。较为典型的做法包括：一是发挥政府部门的示范、引导作用。在日常行为领域，少开空调、少坐电梯等，率先示范"碳减排"行为；鼓励办公物品的回收利用，控制办公经费开支；对政府机构建筑物及空调、照明系统进行节能改造；提高电子政务水平，减少资源消耗；通过实施绿色采购，逐步提高政府采购中可循环使用的产品、再生产品以及绿色产品的比例。二是发挥企业支持和保障作用。电力部门通过举办"节电节能降耗技术交流及用户电房管理研讨班"，向企业宣传和灌输节能降耗理念；珠海市还创造性地发挥了企业在低碳宣传方面的作用，如全市多家企业代表与社区、学校结成"减排对子"，签订"碳减排"

---

① 绿色明珠—珠海环保公众网，http://www.zhepb.gov.cn/hbxw/bdxw/201012/t20101222_8504.html。

协议书，企业承诺出资援助社区、学校开展减排活动，社区、学校则承诺开展多种低碳、环保活动，减少碳排放。三是发挥社会组织在宣传和组织低碳公益活动方面的优势。如由绿色珠海环保服务会主办的年度"地球一小时"大型主题活动迄今已成功举办四次，来自珠海市各高校的大学生志愿者都积极组织参与。

（二）低碳消费政策扶持

1. 优化能源消费结构是限制碳排放的重要途径。

珠海市通过加大对天然气等低碳排放能源基础设施建设，利用政策激励，提高太阳能、风能在生活领域的普及和应用程度，从源头上不断优化能源消费结构。2011 年中海油天然气正式被引入珠海，到 2015 年全市燃气普及水平、城市燃气设备装备水平、管理经营水平、运行监控和安全保障水平等跨入中国城市燃气一流行列，并达到世界同行业先进水平。[①] 这对改善城区大气环境，提高人民生活质量将发挥积极作用。在推广太阳能、风能等新能源在生活领域的广泛利用方面，珠海市利用积极的财政补贴政策，在万山区等大量推广新型风光互补太阳能路灯和太阳能庭院路灯，很多渔民家中都安装了太阳能光伏独立发电系统家庭照明和太阳能热水器。此外，珠海市开展了大范围节能灯普及活动，仅在 2010 年就换发节能灯近 10 万多支。

2. 低碳出行是实现低碳消费的重要环节。

珠海市正在主动向国家申请"低碳交通示范市"，优先发展城市公共交通，推进城市轨道交通、城市步行和自行车交通系统建设，构建绿色交通网络，主要采取了三方面举措：一是加快新能源汽车生产和投入。珠海市出台了《珠海市新能源汽车产业发展规划（2011—2020）》、《珠海市新能源汽车产业专项资金管理暂行办法》，通过设立珠海市新能源汽车产业联席会议，落实专项资金等举措，推动新能源汽车产业发展，成功申报广东省战略性新

---

① 南都网，http://epaper.oeeee.com/B/html/2010-06/03/content_1095745.htm。

兴产业基地。目前整车制造、设计与电池、电机、电控系统、零部件产业链条已具雏形，产业集群初具规模。2012 年全市拥有绿色公交车 878 辆（LNG公交车 858 辆，纯电动公交车 20 辆），超过公交车总数的 50%。三灶、平沙加气站已投入使用，LNG 加气问题有所缓解。二是在加大绿色公交车投入的同时优化公交线网，推进区域公交一体化发展。通过恢复、调整和加密线路，提升公众公共交通出行的便利性。三是构建公共自行车租赁系统。按照规划，珠海市要建设 800—1000 个租赁服务站点，投放自行车 2 万辆左右。2012 年已建成首期 195 个租赁点，投放约 5000 辆自行车；在未来几年内将陆续完成剩余任务量。四是有轨电车丰富智能化交通系统。有轨电车 2014年 10 月正式运行，第一期 9 公里。[①]

专栏三：珠海市自行车租赁典型做法

珠海市公共自行车租赁系统项目由珠海市城市建设集团有限公司负责建设，珠海市政府全额投资，坚持"政府主导、企业运作；分步实施、试点先行"的原则，实行"资源整合、统一建设、统一管理、统一运营"和"布点成网、通租通还"的管理办法，为珠海市市民及游客提供绿色低碳的出行工具。

该租赁系统一期项目总投资约 4619 万元，二期项目计划投资13030 万元。目前来看，一期项目实施后反馈良好，截至 2013 年 10 月，已有 70136 人办理了金融 IC 卡公共自行车租赁业务，67025 人使用公共自行车租赁业务，平均每日租车达到 22087 次。按照粗略计算，如果每次平均 20 分钟骑行 3 公里计算，一年累计骑行超 1500 万公里来计算，则相当于节省汽油超过 150 万升，参照节省一升汽油＝减排 2.3 千克二氧化碳＝减排 0.627 千克碳来计算，每年累计为珠海减少二氧化碳排放约 2108 吨，减少碳排放 580 吨。

根据不同的车辆使用时段，珠海市城建集团采用不同的运营模式：工作日模式、周末模式与特殊模式（黄金周模式、集体活动模式、应

---

① 数据来源：珠海市市政园林和林业局。

急模式），以此来最大限度满足公共自行车的调度使用，提高市民选择低碳出行的比率。未来发展将会借鉴巴黎模式，在不增加人力成本前提下加密站点，同时施行全智能化管理。

（三）高碳消费惩罚措施

1. 推行能源差别定价。

珠海市贯彻落实国家和广东省的能源消费差别电价惩罚性电价政策，以及污水、污泥、垃圾处理费及排污费征收标准相关政策，落实居民用电阶梯电价政策，全市居民生活用电从 2012 年 7 月 1 日起执行阶梯电价。2012 年节能减排成效明显，单位 GDP 能耗 0.480 吨标准煤 / 万元，比 2011 年同期下降 4.75%，居全省第三位。[①]

2. 限制高碳出行方面。

为响应《广东省"十二五"主要污染物总量减排实施方案的通知》，限制高污染车辆使用，提高城区空气质量，珠海市于 2012 年开始实施高污染车辆限行措施。机动车环保检验合格标志按照国家新生产机动车污染物排放标准分阶段实施，分为绿色环保检验合格标志和黄色环保检验合格标志。珠海市出台了鼓励"黄标车"提前淘汰的政策，综合考虑机动车使用年限、车辆价值等因素，制定淘汰"黄标车"补贴标准，由省、市、区三级财政按照合理比例对提前淘汰"黄标车"进行财政补贴。

3. 建筑用品消费节能。

随着新增建筑面积的迅速增长，珠海市建筑业能源消耗也从 2005 年的 8.22 万吨标准煤增长到 11.35 万吨标准煤。[②] 为抑制快速上涨的趋势，珠海市出台了《珠海市建筑节能办法》、《关于加快推进珠海市绿色建筑发展的通知》等，遵照建筑节能的要求，确定建筑物布局、形状和朝向；依法推广和监督执行建筑节能强制性标准，及时发布推广、限制或者禁止使用的技术、

---

① 珠海节能信息网，http：//www.zh-jn.com/show.asp? id=74&newsid=192552404&skin=3。

② 数据来源：珠海市统计局。

工艺、设备、材料和产品的目录。

专栏四：珠海市低碳建筑发展状况

珠海市是全国少有的很早就开始进行既有建筑改造的城市，以市场调节为主，通过利用热水能进行整改。2013 年，珠海市发布了《关于加快推进珠海市绿色建筑发展的通知》以及《珠海市 2013 年建筑节能暨绿色低碳建筑目标责任实施方案》，参照《广东省绿色建筑行动方案》，建筑节能工作正在有组织、有计划地开展，现已有 3 个建设完成的低碳建筑项目："珠海市博物馆和城市规划展览馆"、"万科城市花园 1—11 号楼"、"万科魅力之城 9—20 号楼"作为绿色建筑示范项目享受 10 万元的经济补贴。此外，"珠海格力电器股份有限公司太阳能光伏中央空调节能示范工程"、"珠海市红旗中学学生宿舍太阳能热水系统节能改造"、"兴业太阳能金鼎产业园光伏系统屋顶工程"、"珠海塞纳科技打印机产业园宿舍楼热水工程"、"伟创力珠海工业园太阳能光伏电站项目（节能改造）"等 5 个建设工程项目作为可再生能源应用示范项目，也给予补贴。截至目前，珠海市已有 29 个可再生能源应用示范项目获得了财政资金补贴，其中有 8 个工程荣获全国太阳能光电建筑应用示范项目，国家级示范项目数量名列广东省前茅。

除了示范项目，珠海市住建局还不断推进墙材革新工作，仅在 2013 年前三季度全市使用新兴墙材，折合节煤 9450 吨，市区新型墙体材料应用比例达到 91%，取得了显著的经济效益和社会效益。与此同时，开展能耗统计、审计，加强实时监控，为建立能耗定额和超定额加价制度奠定基础。

（四）低碳消费市场规则制定

制定低碳消费市场规则的主要做法是制定低碳产品的统一分类标准、实行低碳消费品的准入制度，如西方国家普遍采取的"碳标签"、"碳足迹"法等。但由于这类政策涉及面广，属于国家层面宏观调控行为，地方上缺乏此类规则制定的话语权和权威性。更多时候，地方政府的职责是鼓励、监督辖区内的企业争取低碳相关标志认定，打击借用"低碳"概念炒作的"伪低碳"产品，并为低碳企业提供更便捷的公共服务。尽管珠海在低碳消费市场规则制定上正有所作为，但更多的政策还需要首先在国家层面取得突破。目前，国家层面"未来将探索建立节能低碳产品的标识和认证制度，选择典型产品开展节能低碳产品的认证试点，引导并促进绿色低碳消费"①。2013年，珠海市根据国家《低碳产品认证管理暂行办法》，依据相关产业政策，按照广东省统一部署推动实施低碳产品认证制度，研究实施办法，鼓励低碳产品生产企业积极参与相关地方标准修订和试点推广工作。对于低碳试点城市而言，应当积极宣传推介，提前做好这方面的试点准备。

四、珠海市低碳消费问卷调查

为了更清晰地了解广大居民对低碳消费的认知、预期及存在的问题，从而明确下一步改进调整的方向，课题组利用结构化问卷方式对处于最终消费端的公共机构和消费者个人进行了访谈和调查。

（一）问卷样本构成

消费问卷发放，根据"六普"调查后各区人口分布情况，确定调查人群分布。共发放问卷610份，回收602份，全部为有效问卷。对象涉及珠海市四个区（包括三个主城区，另把两个功能区高栏港区、高新区合并为一个区）。消费问卷调查主体内容分为两部分，一部分调查低碳消费行为；另一部分考察低碳消费政策实效，采取里克特五维度量表方式，便于调查对象选择，更好地区别不同意见。

---

① 方家喜：《国家酝酿低碳产业发展规划》，《经济参考报》2013年8月23日。

表 3–1   问卷样本结构情况

人口统计变量		人数	百分比
性别	男	305	50.7%
	女	297	49.3%
文化水平	高中以上	70	11.6%
	高中或中专	136	22.6%
	大专	100	16.6%
	大学本科	251	41.7%
	研究生或以上	45	7.5%
月均收入	1000 元以下	95	15.8%
	1001—3000 元	226	37.5%
	3001—5000 元	188	31.2%
	5001—8000 元	57	9.5%
	8001—10000 元	23	3.8%
	10000 元以上	13	2.2%
职业	机关事业单位工作人员	47	7.8%
	公司／企业工作人员	213	35.3%
	军人	20	3.3%
	教师／研究人员	35	5.8%
	自由职业者	117	19.4%
	学生	93	15.4%
	无工作（家庭主妇、离退休或者下岗人员）	34	5.6%
	其他	43	7.1%
年龄	20 岁以下	61	10%
	20—29 岁	232	38.5%
	30—39 岁	202	33.5%
	40—49 岁	70	11.6%
	50—59 岁	28	4.7%
	60 岁以上	10	1.7%

人口统计变量		人数	百分比
户口所在地	本地城镇户口	283	47.0%
	本地农村户口	137	22.8%
	外地城镇户口	137	22.8%
	外地农村户口	45	7.4%

调查者中男女比例为 50.7∶49.3，年龄结构以中青年为主，20—39 岁的受访者占全部受访人群的 72%。调查人群整体受教育水平较高，文化水平大专以上的占 65.8%，，职业结构分布也较广泛，以企业职员（35.3%）、自由职业者（19.4%）和学生（15.4%）为主。收入集中在 1000—3000 和 3000—5000 两个收入段，占总样本比例的 68.7%。从户籍构成看，城镇户口占 79.8%；本地居民占 69.8%。总体看，受访人群具有较好的代表性，样本构成和质量达到了研究预期。

（二）描述性分析

表 3-2   低碳消费行为描述性分析

	N	极小值	极大值	均值	标准差
对低碳消费了解程度	602	1	5	3.66	0.993
很多买来后没怎么穿过衣服	602	1	5	3.25	1.064
很少浪费食物	601	1	5	3.57	1.006
把剩菜剩饭打包	602	1	5	3.35	1.051
购买家电或装修时考虑节能	602	1	5	3.40	1.039
选择租赁自行车代步	602	1	5	3.27	1.065
选择小排量汽车	601	1	5	3.47	1.024
自带购物袋或购买可降解的环保购物袋	602	1	5	3.41	1.063
尽量做到节水节电节气	602	1	5	3.55	1.112

续表

	N	极小值	极大值	均值	标准差
尽量少使用一次性用品	602	1	5	3.41	1.077
用过的旧物会改造再利用送人	602	1	5	3.13	1.099
我所在单位存在严重的水电资源浪费	602	1	5	3.08	1.126
有效的 N（列表状态）	600				

由于调查对象构成的较高质量，绝大部分受访者对低碳消费很了解，得分为3.66，在所有问题中认同度最高。具体到衣食住行用等领域，在不浪费食物、个人及所在单位节水节电方面，受访者普遍认同度感较高。但节水节电方面的数据标准差较大，表明个人及单位在节能方面存在一定差别，作为倡导低碳节能行为的《公共机构节能条例》仍需广泛宣传和严格推行。在旧物改造利用或送人（3.13）、选择租赁自行车代步（3.27）和剩菜剩饭打包（3.35）方面，受访者认同度相对较低，这或与受访者个人生活、工作习惯，遇到此类情况较少有关系。如租赁自行车，调研中主管部门和很多市民均反映利用率较高，但对调研中涉及大部分生活节奏较快的年轻人而言，利用率低是情理之中，而且由于租赁站点总体不多，分布不均，不难解释受访者认同度不高的现象。对于旧物改造利用和送人，随着当前物质消费品极大丰富，难以得到年轻人广泛认同，需要继续加大宣传引导力度。

表 3–3　低碳消费政策实效描述统计量

	N	极小值	极大值	均值	标准差
时常会看到宣传低碳消费的行为	601	1	5	3.47	0.998
派发宣传册等宣传活动很有效	602	1	5	3.34	0.948
绿色学校绿色社区环境教育基地等很有效	602	1	5	3.33	0.952
赞同在全市推广天然气太阳能风能等做法	602	1	5	3.61	1.071
公共自行车使用效率高应大力推广	602	1	5	3.51	1.024
珠海市公交线路较合理方便	600	1	5	3.38	1.037
给予一定奖励会考虑购买低碳商品	602	1	5	3.45	1.010

	N	极小值	极大值	均值	标准差
希望政府抵制或关闭重化工企业	602	1	5	3.47	0.974
持政府出台建筑节能的强制措施	602	1	5	3.24	1.052
倾向于购买有节能标示或低能耗认证的商品	601	1	5	3.57	0.981
垃圾分类必须要采取一定强制措施	600	1	5	3.57	0.973
多数企业不太注意产品环境影响和能耗控制	601	1	5	3.57	0.948
对注重环保低碳经营的企业更有好感	602	1	6	3.63	1.043
对市政府引导居民低碳消费工作很满意	602	1	5	3.29	0.985
会因为低碳需要考虑改变自己消费习惯	600	1	5	3.56	1.110
有效的 N（列表状态）	593				

在考虑低碳消费政策时，为方便受访者回答，很多问题也采取考察受访者意愿，从而达到间接了解低碳消费政策情况的目的。这些问题与前文所提出的低碳消费分析框架也存在着一定的对应关系。从统计情况看，整体上，珠海市民对市政府在低碳消费引导方面所起到的作用感触不深（3.29），较被认同的是在城市广泛推广天然气、太阳能、风能等清洁能源（3.61），多数受访者对环保低碳经营企业更有好感（3.63），也会因为低碳需要考虑改变自己的消费习惯（3.56）。如果按照低碳消费政策构成的四方面内容看，宣传和引导政策得分 3.38；低碳消费扶持政策得分 3.48；高碳消费惩罚政策得分 3.42；低碳消费市场规则制定得分 3.58，由此可见，有效的低碳消费市场规则是受访者最认可应当采取的低碳消费政策。目前低碳宣传和引导方面工作（3.38）开展并不让人满意，需要继续加大力度。

表 3–4　低碳消费政策描述统计量

	N	极小值	极大值	均值	标准差
低碳宣传与引导	601	1.00	5.00	3.3821	0.72330
低碳消费扶持政策	600	1.00	5.00	3.4887	0.72429
高碳消费惩罚政策	600	1.00	5.00	3.4283	0.71840

续表

	N	极小值	极大值	均值	标准差
低碳消费市场规则制定	600	1.00	5.00	3.5889	0.75700
有效的 N（列表状态）	595				

对于低碳消费未能普及的原因，多数人认为目前的消费观念有问题，追求豪华奢侈、虚荣心重是最大的原因（51%）；对低碳造成生活不便（48.8%）、感觉自身力量对整个社会贡献不大（46%）和对低碳概念不了解，未形成低碳消费习惯（43.9%）也成为阻碍低碳消费推行的重要因素，这为下一步有针对性制定低碳消费政策提供了切入点。

表 3–5 "低碳消费"未能普及的原因

选项	频数	百分比
对这个概念不了解，没有养成低碳消费习惯	264	43.9%
低碳消费会造成生活的不便	294	48.8%
这是一项系统工程，依靠公民自身力量难以实现	277	46%
很多人消费理念中虚荣心重，追求豪华奢侈	307	51%
企业或媒体宣传不到位	163	27.1%
政府缺乏必要的引导	191	31.7%
目前没有相关的制度约束与奖励，高碳和低碳与否意义不大	126	20.9%

（三）低碳政策与低碳消费行为相关检验

为进一步了解珠海市目前低碳消费政策与消费行为间的逻辑关系，把衣食住行用等消费行为拟合为一个变量，同低碳消费四方面政策进行相关性检验。研究发现，低碳消费行为与低碳消费政策间相关性不强，最高的为低碳消费扶持政策与低碳消费行为间关系（0.429），最低的是低碳宣传（0.351）和引导政策、高碳消费惩罚政策（0.4）。

表 3-6　"低碳消费"政策相关性检验

		低碳消费行为
低碳宣传与引导	Pearson 相关性	.351**
	显著性（双侧）	.000
	N	599
低碳消费扶持政策	Pearson 相关性	.429**
	显著性（双侧）	.000
	N	598
高碳消费惩罚政策	Pearson 相关性	.400**
	显著性（双侧）	.000
	N	597
低碳消费市场规则制定	Pearson 相关性	.417**
	显著性（双侧）	.000
	N	598

（四）政策建议

实证调查结果显示，珠海市在低碳消费政策方面采取了一些措施，但总体效果不明显，尤其是在低碳宣传和引导方面，尽管举措很多，但目标人群仍不够广泛，没有有效传导到以中青年为主的受访者，这方面的认同度较低，必须加大力度。此外，受访者更倾向于接受通过低碳消费市场规则制定、低碳消费扶持政策来影响和改变自身低碳消费行为，这对未来出台低碳消费政策的启示在于必须发挥市场机制调节的决定性作用，减少强制性措施。

五、本章小结

消费作为一种自发性的市场行为，与区域内外的企业、个人都有着密切联系。在低碳消费政策设计上，地方政府要么没有相应自主权，要么出台一些政策，可能对当地经济发展、产业竞争力、居民生活带来负面或不便影响。因此，地方政府在低碳消费政策设计上的积极性和先进性大打折扣，寄期望于一个地区的政策产生全局性影响不现实。通过对珠海市低碳消费实践的总结可以发现，珠海市的低碳消费政策具有一定的借鉴和助推作用，但整体上还存在很大提升空间，这与地方政府在推进低碳消费方面能力有限、动力不足直接相关。在下一步推进低碳消费过程中，要充分发挥市场调节机制的作用，了解低碳产品优点，明确低碳产品预期，降低低碳产品成本等；继续发挥公共机构在推广低碳消费方面的示范作用，在大众中形成低碳消费共识，让低碳消费理念和行为能够普及千家万户。

进一步提升珠海市低碳消费水平，一要多途径提高公众低碳消费意识。加大宣传力度，通过建设节约型政府、节约型园区、节约型社区等，广泛开展绿色低碳教育，鼓励和引导更多人"弃奢入简"，奉行新节俭主义理念。二要多形式降低个人低碳消费成本，争取不增加额外支出。既包括经济上的支出，还包括时间、精力、体力等的支出。可以尝试建立低碳产品成本的各方分摊责任机制。此外，对珠海而言，低碳消费能打造的一个特色在于低碳出行。珠海市自行车租赁已经具备了一定特色，下阶段既可通过智能化手机配套软件统筹车辆租借情况以保证便民服务质量，又可通过全智能化建设在不增加人力成本前提下加密站点，还可考虑将社保卡、银行卡、有轨电车卡、医疗卡等多卡合一，真正实现"一卡通"。

第四章
珠海市低碳发展投融资支持体系

　　发展低碳经济，建设低碳城市不仅需要理念转变，更需要资金支持。根据国际非营利机构气候组织 2013 年 3 月发布的《中国应对气候变化融资策略》估计，"2015 年和 2020 年，中国每年气候变化融资总量目标需要分别达到 19632 亿元人民币和 24646 亿元，以实现既定的应对气候变化目标。"报告还指出，"中国气候融资的发展仍处于初级阶段，在中长期内将面临较大的资金缺口。随着国际气候资金的供应减少，国内公共资金在气候融资领域发挥了主导作用。金融市场资金和私人资本是气候融资的最大潜在来源。"结合低碳城市试点情况看，无论在较发达地区，还是欠发达地区，资金短缺都是摆在低碳试点面前的一大困境。同多数"摸着石头过河"的低碳试点城市一样，珠海市低碳投融资体系建设仍处在探索起步期，正寻求在国内外经验的指导下，结合区域实际，综合利用多种渠道，实现低碳金融差异化发展目标。

一、低碳投融资渠道构成及存在问题

　　低碳投融资体系是旨在为低碳发展提供资金支持和服务的一系列投融资活动。从金融角度看，主要包括传统金融的"低碳"化和传统金融业务的"低碳"创新两种模式；从低碳行为角度看，则涵盖了基于碳减排的融资活动①、基于碳交易的投资增值活动②、相关中介服务活动③ 三个过程的投融资行为。不管如何划分，具体到低碳投融资领域，任何投融资行为的实现，都不外乎以下渠道：政府财政资金、金融机构贷款、企业自筹资金、CDM（清洁发展机制）项目融资以及碳排放交易、碳期权期货及相关金融创新工具等。首先，低碳的正外部效应，需要政府发挥财税政策的调控和引导作用。这方面主要的政策工具有财政直接投资、补贴、贴息贷款，实施绿色税收制度和成立低碳发展基金等。其次，银行信贷是低碳投融资的主要渠道，加强银行信贷支撑对低碳发展具有基础性作用。这一方面要发挥政策性银行在低碳投资方面的积极性；另一方面要大力开发低碳金融产品，加快实现金融业务"低碳化"。第三，拓宽商业融资渠道，是未来实现低碳深入发展的最大保障。在企业自筹资金进行低碳研发和技术改造方面，需要政策激励、对知识产权的有效保护以及为这类企业利用资本市场进行投融资活动给予支持。此外，还应积极发挥 CDM 项目融资机制的作用，通过多边基金、银行以及多边组织为 CDM 项目融资；充分利用国际金融市场，争取国际金融机构贷款。在更广意义上，要探索建立区域性碳交易市场，实质性发挥已有环境产权交易所的作用，促进碳排放交易中介组织建设，增强买卖双方的信息对称性。

专栏五：国内低碳投融资发展的主要模式

近年来，我国低碳金融已经起步，在低碳信贷、低碳产业直接融资和碳减排交易等方面均有不同程度的推进。

1. 低碳直接金融。国内直接低碳金融包括风险投资基金和私募股权投资基金等。自 2006 年下半年以来，风险投资基金和私募股权投资基金对新能源行业的投资一直处于上升趋势。此外，深圳交易所推出的创业板上市资源也逐渐向节能减排和新能源等低碳产业倾斜。

2. 低碳间接金融。国内商业银行主要采取两大举措参与或发展低

---

① 包括直接融资和以绿色信贷为代表的间接融资。
② 主要为碳排放权衍生品交易，如碳期权、碳期货、碳远期合约等。
③ 主要为低碳项目咨询服务、碳排放权交付保证等。

碳金融业务：一是调整授信结构，积极支持节能减排项目，增加对节能减排等环保领域授信投放，控制高耗能、高污染行业授信。二是积极寻求国际合作。如2008年，上海浦东发展银行、兴业银行和北京银行分别与国际金融公司，合作签署了《能源效率融资项目合作协议》，成为国内首批推出"能效贷款"的商业银行。

3. 碳排放市场。国内有很多城市都在建立碳交易市场，北京、上海、天津是成立碳交易所较早的城市，武汉、杭州、昆明等城市碳交易所也相继成立，大连、贵州、河北、山西也在筹备碳交易所。2010年，北京环境交易所打造并发布推广了"熊猫标准"，是我国第一个碳交易标准。由于目前没有强制性减排配额，短期内中国仍将以资源减排为主。截至2012年5月底，我国成功注册的CDM项目达到2013个，占注册项目总数的48.47%，预计CO_2减排量3.8亿吨，占注册项目预计减排总量的64.29%。中国已成为名副其实的清洁发展机制的主要供应方。

目前在低碳投融资方面，仍面临多重难题。主要包括：一是由于气候融资管理体制和政策体系仍不完善，政府、金融市场等还未能在气候融资领域承担应有角色。二是金融机构缺乏内在动力。从全球范围看，由于存在着行业标准和技术不成熟的问题，实现低碳发展，需要持续的、不断的巨大投入，投入产出比有很大的不确定性，对金融机构的信用风险管理带来很大挑战，直接导致国内金融机构发展低碳金融业务动力不足。三是由于环境苛刻，使得企业进入缺乏积极性。目前看，气候融资的总量目标仍未明确，政策化融资目标不清晰，再加上缺乏相应的风险补偿、担保和税收减免等综合配套制度，给私营资本进入并持续投资带来极大阻力；四是相关中介市场不完善。CDM项目需要经历较为复杂的审批过程，开发周期较长，交易成本较大，涉及风险因素较多，非专业机构难以具备此类项目的开发和执行能力。而国内相关中介机构多处于起步阶段，缺乏专业的技术咨询体系帮助金融机构分析、评估、规避项目风险和交易风险，难以开发或消化大规模的项目。如此导致无论在整体上还是在局部试点地区，低碳发展领域均存在较大资金缺口，有效的低碳融资机制仍未建立，低碳融资渠道依然狭窄。

二、珠海市低碳投融资现状及其主要做法

由于珠海市经济基础在珠三角地区比较薄弱，地方财政收入不足，社会资本投资积极性尚未得以充分调动，一度出现"投融资体制再不改革，珠海将被逼入死胡同"的困境。在如此艰难的环境下，低碳发展的投融资体系建设由于起步晚，受种种条件制约，其发展更是举步维艰。但珠海市正积极探索创新低碳投融资模式，典型做法如珠海市横琴新区"四两拨千斤"的筹资模式；珠海市高新区针对处于不同发展阶段企业的融资需求和方式，与风险资本、产业资本、商业银行、国家创新基金等资源对应合作等。具体在低碳投融资领域，珠海市主要采取了以下的做法：

专栏六：珠海市横琴新区创新低碳投融资办法[①]

横琴新区把基础设施建设作为工作的重中之重来抓，全面启动了全国单次投入最大的市政基础设施项目，总投资超过1200亿元。但横琴自身没有产业基础，财力几乎空白，加上珠海整体经济实力相对较弱，2011年实现GDP1500亿元左右，地方财政收入143亿元，单靠自身实力，很难完成大规模投入资金所需。为此，横琴新区积极创新低碳投融资模式，取得了较好效果：

一、BT模式

横琴新区市政基础设施一般采用"三年建设期、五年回购期"的BT模式。比如，在建设全岛主干路网、桥隧、人工岛等基础设施时，珠海市委市政府成立国有独资的珠海大横琴投资有限公司（横琴新区管委会主任担任公司董事长)，作为横琴新区基建项目的发起人，负责项目立项并完成项建、可研、报批等前期工作，之后将项目融资和建

---

① 资料来源：浙江省发改委 http://www.zjdpc.gov.cn/art/2012/12/26/art_10_475747.html。

设特许权转让给中冶科工集团、中交集团等具备较强实力的投资方。投资方负责项目融资、建设，并在规定时限内完成项目后交给大横琴投资有限公司，大横琴投资有限公司根据回购协议支付项目总投资额和确定的回报。投资方的回报（利润）为建设期利息以及招投标与定额造价之间约15%的差价。

二、土地收益分成

为进一步吸引投资商参与基础设施建设，横琴新区规定项目投资方可参与新区土地升值收益分成，具体分成比例为商住用地35%、办公用地50%。比如，中交集团作为横琴新区大型市政公共工程和基础设施项目的战略投资方，与横琴新区政府协定，划定一块土地作为预期升值时的收益分成对象，待其完成相关基建项目之后，土地升值部分先支付市政和基础设施投入，其余部分由政府和投资方按协议比例共同分成。

这是针对土地预期升值的一种超前投资，政府和投资方共同"博弈"或者"对赌"高标准建设完成相应基础设施项目以后，项目周边区块土地价格必定大幅升值。珠海市人大审议通过的《珠海经济特区横琴新区条例》明确规定横琴新区的土地收益，自2012年1月1日起至2020年，全额留存用于横琴新区的土地开发、基础设施建设和融资信用保障。土地开发时序方面，在优先安排基础设施项目用地的基础上，分步骤滚动开发，产业用地自2010年开始出让、住宅用地自2013年开始出让。土地价格方面，坚持每半年动态调整一次土地基价，形成梯度上升趋势，确保全岛土地整体收益可支撑土地开发成本。

三、逆BT模式

针对部分特殊产业（如金融服务业）的基建项目而言，横琴新区政府主要采取"逆BT模式"：即政府先期主导建设办公、配套服务场所等设施，吸引相关机构入驻，入驻机构分期支付所使用基建项目的总投资额。比如，为打造横琴金融产业集聚发展和创新平台，珠海市委市政府主导，投资建设了"横琴金融产业服务基地"。基地包括20栋独栋花园式办公楼，一期已于2012年8月竣工，目前已有十多家金融机构和大型企业签约入驻，预计到 2015 年基地入驻金融机构达 100 家。入驻机构分三年以租金形式全额支付办公楼建设费用（即从政府手中回购）。

（一）财税政策

为保持珠海市的生态环境优势，珠海市政府每年投入超过 GDP 占比2%的经费专门用于生态环境保护和环境治理。"十一五"期间，累计投入资金 1.8 亿元，实施余热余压利用、绿色照明工程和区域热电联产等 57 项重点节能工程。2008 年以来，珠海市连续每年安排减排专项资金 1000 万元用于实施重点减排工程，特别是西部地区污水处理厂和管网建设项目。[①] 由于"低碳"并没有特定的范围、明确的定义，因此很难统计"低碳"投入的具体数额。但可以确定的是，珠海市在每年的节能环保类支出中，将会加大投入，这间接增加了低碳项目投入比重。

（二）设置创业投资引导基金

为吸引优质创业资本，珠海市在 2009 年设立了规模 1 亿元的珠海高新区高新技术创业投资引导基金。借鉴国内外关于政府引导基金的先进经验及操作模式，通过与国内外知名创业投资机构合作，对珠海高新区扶持、鼓励的"两少两有两高"企业注入风险资金，并在企业管理、产业资源整合、上市渠道等方面提供增值服务，促生一批进入成长期的企业爆发增长。2010 年 3 月，珠海高新区创业投资引导基金已与国际知名创投机构红杉资本合作设立了规模为 1 亿元的珠海红杉资本股权投资中心，主要投资于区内注册的高科技企业。珠海高新区与知名创投机构——招商局科技集团共同设立的第二个创业投资平台也在注册中，规模为 8 亿元。

---

① 珠海市发改局：《关于印发珠海市低碳试点城市实施方案的通知》。

（三）金融机构

珠海市金融系统经过二十多年的发展，无论是金融机构的数量和规模，还是对外开放程度都仅落后于广州和深圳，领先于珠三角地区其他城市。金融机构吸引的大量储蓄存款和相对低的存贷比，使得金融机构的资金充裕。

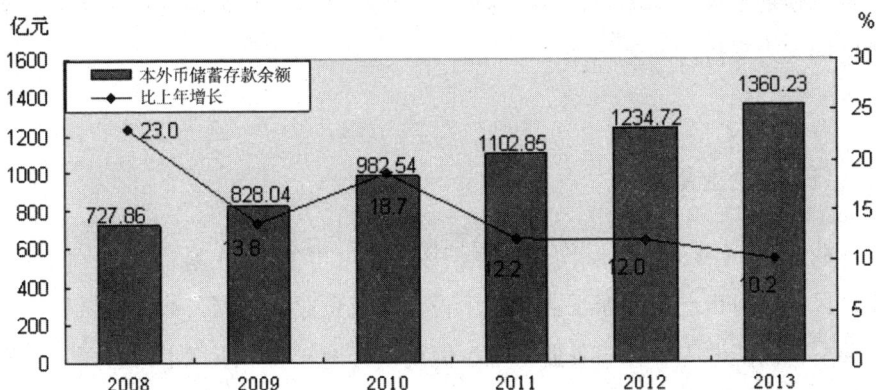

图4-1 2007—2012年珠海市中外资金融机构本外币存款余额及其增速

表4-1 2012年珠海市存款贷款情况

指 标	年末数（亿元）	比年初增长（%）
存款余额	4570.67	10.9
其中：单位存款	2806.23	14.6
个人存款	1535.03	3.7
其中：中资机构人民币	4260.16	11.7
各项贷款余额	2426.24	17.1
其中：境内短期贷款	732.99	17.9
境内中长期贷款	1527.72	13.9
其中：中资机构人民币	2292.28	18.9

根据广东省的统一安排，身处广州的南方联合交易所，成立了各种基

金，专项投资"三高一特"产业，节能环保型基金将是下一步南方联合交易所突出的产品，珠海市已难在这方面取得更大的主动权。根据低碳城市试点方案，珠海市将大力开发低碳投融资产品，结合珠海市低碳投融资产品单一、无法满足需求的实际，根据低碳发展中生产性需求和消费性需求的特点，开发低碳投融资产品，丰富低碳投融资交易种类，使市场中既具有足够交易的碳排放权原生品，也具有一系列碳金融衍生品，包括碳期权交易、碳期货、碳基金等。总体看，目前这些工作推进较为困难，需要更高层级的金融机构大力支持。

（四）企业筹资

截至 2014 年年底，珠海市共有沪深两市上市公司 24 家。在环保服务行业，目前珠海市已有两家工业企业、一家建筑企业、一家公共服务机构，以主导型合同能源等环保服务业为主，但规模普遍较小，不属上市公司，也没有得到金融机构认可，企业筹资缺乏有效途径。制约这类企业发展的主要因素：一是缺乏信用。环境节能服务的债权债务存在导致投资损失的风险，现在没有专门机构为"节能环保企业"提供制度上、机构上的保障。二是缺少有公信力的第三方测评机构。近四成的节能环保项目／企业出现对最终节能效果的分歧和质疑。三是银行贷款困难。节能服务企业自身的实力不足及公信力低、以及缺少抵押物，导致银行看不到未来收益权，或者对未来收益权认知度、接受度不高，无法发放贷款，而且，银行对付款方的严格审核等要求，导致目前每年只有约 20% 的贷款通过率。四是金融机构本身对节能环保企业的认可度不高。五是合同能源项目缺少流通市场，银行无法转嫁税负，难以正常贷款。六是"信息不对称"干扰珠海市金融机构和节能环保企业的交流，出现珠海市节能环保企业主要做外地业务，而珠海市本地业务主要由外地节能环保企业做的"错位"局面。

(五) CDM 及相关碳排放交易机制

目前珠海市已在开展 CDM 机制建设，并将碳排放交易提上日程。2013
年以来，位于高栏港区的珠海市深能港湾有限公司、珠海发电厂有限公司、
金湾发电有限公司、粤裕丰钢铁有限公司、宝塔石化有限公司 5 家企业已被
纳入广东省首批碳排放信息报告制度的重点企业名单。后又增加了中海油珠
海高栏港燃气热电联产项目、中电投珠海横琴岛多联供项目以及京能集团珠
海钰海天然气热电联产项目，在广东省碳排放信息收集完成并分配碳排放配
额后，珠海市亦将参与到碳交易机制中去。

三、珠海市低碳投融资发展策略及建议

针对低碳投融资体系建设存在的问题，珠海市提出了进一步完善低碳
投融资体制的设想和做法：一是部分项目采用 BT 方式筹集资金，通过引入
央企，带来更多的资金支持、提高城市建设管理水平。二是继续推进 BOT
方式，用于城市交通、市政配套、文化建设等项目，特别是具有特许经营权
的项目，如西区污水处理项目，由市供水总公司负责融资、建设和运营。三
是积极引导国有企业发行债券，吸引更多的社会资金参与城市基础设施建
设。与全国情况类似，珠海市低碳投融资体系建设是较为薄弱的环节，在低
碳投融资发展的相关设想和探索，如果能够很好地执行，将对全国低碳投融
资体系建设起到借鉴作用。

(一) 将低碳金融纳入城市发展战略，制定低碳投融资规划

鉴于低碳金融的重要支撑作用，珠海市在开展低碳城市试点过程中，
应将低碳金融纳入珠海市创新发展的战略体系，对低碳金融发展给予相应的
政府扶持，为低碳经济发展创造宽松的政策环境。围绕珠海市低碳产业规
划，着眼未来重点发展的战略性新兴产业、高端服务业、高端制造业、高新

技术产业、现代农业和海洋经济 6 大产业集群，结合珠海市金融业发展现状，适度发展基于传统金融与其联系紧密的低碳金融业务。

（二）培育低碳发展投融资主体，差异化发展低碳金融业务

从投融资主体的角度看，一是培育低碳发展金融市场供应者的激励政策，包括鼓励项目开发商、节能减排成本较低的实体、国际金融组织、碳基金、碳技术开发转让商等为低碳发展投入资金和技术；二是引导低碳发展金融市场需求者的激励政策。通过正向和负向激励，诱导减排成本较高的工业、建筑业、交通运输业等行业的实体积极利用低碳发展金融市场中的资金和技术等资源；三是完善低碳发展金融市场中介。中介市场是发展低碳金融的关键，应鼓励民间机构积极开展与低碳金融相关的业务，重视资金中介、交易中介对行业发展的作用。同时鼓励商业银行探索更多的业务模式，特别是创新型金融中介服务，增加市场中介类别，鼓励发展商业银行、共同基金、投资银行、保险公司、中介咨询机构、基金公司等市场中介，满足多样性的金融需求。

从开展低碳业务的角度出发，珠海市应根据自身资源条件，与其他城市的低碳金融实现差异化发展，重点发展低碳金融服务业，例如低碳贷款、低碳理财产品等，为珠三角地区金融中心城市（广州、深圳、香港）提供配套服务，避免与珠三角地区传统金融发达地区形成直接冲突，协调与周边城市发展关系，实现珠三角地区低碳金融整体协调发展。

（三）充分发挥金融创新作用，培育多种低碳金融产品

鼓励发展低碳项目贷款。出台相应的政策与措施，鼓励金融机构积极开展低碳项目贷款，在低碳城市建设初期应重点关注以下三个领域的低碳贷款项目：一是低碳技术领域。旨在降低能源消费的碳强度，控制二氧化碳增长速度的实用新技术推广和应用，如低能耗设备开发、生产、销售等。二是可再生能源领域，旨在逐步消除人类目前基于化石能源的经济发展模式，促

进经济增长与温室气体排放"脱钩",如生物能源、风能、太阳能、水能、潮汐能、燃料电池等。三是能源效率管理领域,旨在提升能源利用效率,提高现有能源利用技术,如高效建筑、建筑材料、能源储存与转化等。

鼓励金融机构积极开展低碳金融衍生品的开发与运作,占领低碳经济发展的战略高地。结合珠海市金融业基础,积极开展碳交易保理、信用证、融资、应收账款管理、信用风险担保等综合性金融服务。

(四)着力创新体制机制,为低碳投融资保驾护航

从四个方面加大体制机制创新力度,发挥政府在低碳投融资制度建设中的保障作用。首先,加大低碳经济的财政投资,突出重点,采用灵活的资金使用方式促进低碳经济发展。其次,利用特区立法权,建立地方绿色税收制度,紧跟国家政策调整步伐,适时开征碳税、环境税,鼓励企业增加节能减排投资。第三,建立地方政府低碳经济发展基金,支持低碳环保项目、环境监管信息系统建设。第四,创新低碳财政贴息贷款模式。

专栏七:国外低碳发展政府支持激励方式创新[1]

在系统的立法基础上,各国纷纷制定了各种激励政策,通过财政、税收、投资等手段以及政府的示范作用,鼓励节约资源,推动技术进步。在财政支持方面,各国不断加大财政投入,成立各种节约和环保管理机构,提供财政补贴,推动技术创新和市场转变。例如美国能源部每年提供大量经费用于节能领域的基础科学研究和应用科学研究,每年还向各州政府提供数千万美元的能源管理专项拨款,用于推广节能技术和措施。在税收方面,主要包括减免税政策和征税政策。首先,政府通过实施减免税鼓励使用节能设备;购买节能产品和开发可再生能源;美国政府还根据使用设备的不同能效指标,分成几个减税等级,使

---

[1] 资料来源:徐楚锟:《政府引导下的低碳经济融资方式研究:以商业银行为例》,江西财经大学硕士论文,2010年12月。

用高效的节能产品能享有更高的税收减免。其次，征收环境和能源税，丹麦是第一个实施生态税的国家，从效果看，征税非但没有影响经济发展，反而显著提高了经济效益，成为欧盟国家中经济增长率最高的国家。在金融支持方面，主要是政府通过财政贴息等手段，引导各类金融机构对有利于减轻环境污染和节约资源的重点项目给予低息贷款、无担保贷款等。如德国复兴开发银行，对涉及有利于资源节约的项目给予支持，对符合要求的项目贷款利率远低于市场利率，差额由财政贴息。西方政府还积极实行绿色采购，大力推行节能产品政府采购工程，由于政府采购金额庞大，具有很强的激励作用，可以促进环保产业开发节能环保产品和技术，有利于提高能源利用效率，降低政府机构能源消费。

四、本章小结

珠海市低碳投融资体系建设仍处于起步阶段。目前看，省级层面设立的低碳专项基金总量不大，珠海市很难从中"分一杯羹"。未来，珠海市要在市级层面上推进低碳投融资建设步伐，一是要加大对低碳产业的财政扶持力度。积极争取国家资金和社会资金支持低碳重点工程、低碳产品和技术推广应用；优先保证低碳产业项目建设用地。二是要鼓励和引导各类金融机构加大对节能减排、低碳项目的信贷支持力度，建立银行绿色评级制度。三是要安排低碳城市试点工作经费，支持低碳示范工程建设和低碳试点研究、推进工作。四是在政府采购和城市建设等方面，优先考虑珠海市本地的低碳产品。五是积极向上级政府建言，建立和落实财税等优惠政策，推行合同能源管理等市场化节能服务机制，促进节能服务产业发展。

第五章

珠海市低碳发展公众参与机制调查

低碳城市建设不仅需要发挥政府与市场的双重作用，引领全社会形成低碳思维及其行为方式；更需要公民转变角色，广泛参与，达成全社会遵循的共识。低碳作为新生事物，无论在政府领域，还是在市场领域，都存在一定的失灵状况。在这个背景下，公众参与将发挥至关重要的作用。从低碳发展涉及的低碳产业、低碳消费、低碳出行、低碳居住等方面看，其最终目标在于满足公众需求，而公众在日常行为中的价值偏好和行为选择，都将通过市场传导机制或影响政府决策等方式，影响低碳城市建设发展。公众参与程度的高低、居民低碳意识的强弱，已成为衡量一个地区能否实现低碳发展最重要的显性考量因素。构建良性循环的公众参与机制，是实现低碳发展的必要环节。珠海市在多年的实践中，建立了广泛的低碳宣传和推广网络，开展了一系列项目建设，本章旨在考察这些项目实施的效果，其中的不足和可取之处以及对国家层面低碳公众参与模式的借鉴，并提出下一步改进实施的重点措施。

一、低碳发展公众参与机制构成

近年来，公众参与成为社会管理领域被广泛关注的社会行为模式，其主要内容包括公众参与法律制定、参与公共政策制定、参与城市规划和参与生态环境保护等。国务院发布的"十二五"控制温室气体排放工作方案，着重从三方面阐述了低碳发展公众参与所涉及的重点行动：一是发挥公共机构示范作用。各级国家机关、事业单位、团体组织等公共机构要率先垂范，加快实施低碳化改造，推进低碳理念进机关、进校园、进场馆和进军营。二是推动行业开展减碳行动。钢铁、建材、电力、煤炭、石油、化工、有色、纺织、食品、造纸、交通、铁路、建筑等行业要制定控制温室气体排放行动方案。三是提高公众参与意识。全方位、多层次加强宣传引导，研究设立"全国低碳日"，大力倡导绿色低碳、健康文明的生活方式和消费模式，宣传低碳生活典型，弘扬以低碳为荣的社会新风尚，树立绿色低碳的价值观、生活观和消费观，使低碳理念广泛深入人心，成为全社会的共识和自觉行动，营造良好的舆论氛围和社会环境。

二、珠海市低碳发展公众参与典型做法

（一）发挥政府示范作用

发挥各级政府机关实践低碳理念的带头表率作用，严格实施《公共机构节能条例》。在全市公共机构中选取部分单位，探索创新公共服务平台的低碳办公和低碳服务模式，率先开展低碳办公和低碳服务试点示范。完善《珠海市公共机构合同能源管理暂行办法》实施细则，进一步制定合同能源管理实施细则，改革公共机构能源经费支付制度，探索建立定额支付取代实报实销制度。重点针对机关、事业单位办公和社会服务公共建筑、照明和空调系统严格执行新建项目节能标准，落实优先采购节能产品制度，加强能耗水平统计监测，开展能源审计和节能技术改造，扶持推行合同能源市场化管理。加强对政府机构建筑物及空调、照明系统的节能改造；提高电子政务水平，减少资源消耗；鼓励办公物品的回收利用，严格控制办公经费开支；政府部门公务员还推行无车日（每月一天），带头倡行低碳出行。

（二）打造低碳示范社区

低碳社区是指将社区内所有活动产生的碳排放降到最低，并通过生态绿化等措施，达到"低碳或零碳、低废弃或零废弃物、水低耗、快乐健康生活方式"的目标。珠海市创建"绿色社区"以来，其内涵不断得到延伸和充实，"绿色社区"绝不是简单的绿化社区，在美化环境的同时，更重要的是把环保、绿色、低碳等理念带给社区居民，让居民人人实践环保生活。"绿色社区"不仅要为居民提供良好的生活环境，更要提供一种可持续发展、低碳环保的生活方式。"让环保渗透到社区每个角落，居民在家门口就能感受到环保，感受到低碳。"例如在省级绿色社区旭日湾花园，每栋住宅楼都安装了节能灯，还有荧光节能路灯、节能地灯、节能围墙灯等，仅此一项照明工程每年可节省五万度电；设置了 24 个环保型分类回收垃圾箱，对不同类别的垃圾进行分类回收；在小区南大门处安装了电子显示屏，显示屏经常发布一些环保宣传信息和环保知识。居民说："每天看见这些环保设施，自然就接受了垃圾分类、二次回收的环保理念，建设生态家园，推行低碳生活成为自觉行为。"

根据既定规划，珠海市各区（含经济功能区，保税区除外）在 2013 年前至少打造 1 个低碳示范社区，到 2015 年打造 2—3 个低碳示范社区。斗门区、金湾区在基础较好的农村社区开展了低碳试点，着力实施农村沼气建设，结合畜禽养殖、污水垃圾处理，建设沼气利用工程。推广使用太阳灶、家庭用太阳能热水器、生物质能炉具等清洁能源设施。

（三）开展低碳教育

自 1998 年创建"绿色学校"以来，珠海市充分利用校园平台，从小灌输环保理念、绿色憧憬，并通过学生影响家庭，影响社区，构建学校、家庭、社会三位一体的环境教育框架，争取广大家长和社会各界的支持和参与，营造一个开展绿色教育的良好社会氛围。截至 2010 年，珠海市共创建各级"绿色学校"110 所，中小学校环境教育普及率达到 100%，掌握一定的环保知识、树立正确的环保意识成为珠海市青少年必备素质，学生基本养成了符合环保要求的良好行为习惯。"绿色学校"创建已经成为珠海市环境宣传教育工作的一项重要内容，成为向未成年人进行环境教育的有力载体和抓手。在珠海市委、市政府的高度重视下，通过市环保局、市教育局的大力推动，从2008年起，珠海市中小学校每学年开展不少于12课时的环境教育课，同时给全市中小学生免费发放近30万册价值100多万元的环境教育教材，这些教材循环使用，从一届学生手中，传到下一届学生手中。随着"绿色学校"教育的不断推广，越来越多的学校开展互动式环境教育，把环保知识渗透到书本和学习中去①。

专栏八：珠海市低碳示范典型基地

基地一：珠海博物馆。珠海的标志性建筑之一。2009年该馆全面向市民免费开放，馆内常年不断地举办各种科普、环保图片展，每天都吸引上千市民前来参观、学习。近年来，市环保局和市博物馆联手，结合每年"六五"世界环境日主题，在各区和海岛举办"倡导生态文明，建设绿色珠海"环保图片展，宣传触角伸入珠海社会各个角落，走到每个市民的身边。

基地二：珠海粮食储备库。走进珠海粮食储备库宛如走进鸟语花香的生态公园：12000平方米草皮、1200棵树木，池塘清浅，浮鹅戏水。珠海粮油储备库坚持粮库发展和环境保护共存理念，坚持以人为本，构建生态文明花园式粮库。粮库员工自己动手制作保粮薄膜袋、沙井盖和防鼠防雀网、贴防晒玻璃纸、修补麻袋、翻新墙壁门窗、保修仓库消防、机械等各种设施，实现了资源的循环利用，降低保管成本达230多万元，走出了一条"资源节约，绿色储粮"的新路子。

基地三：吉大水质净化厂。珠海力合环保有限公司充分发挥专业环保公司的优势，利用吉大水质净化厂一、二期的设施，以及专业技术力量，将吉大水质净化厂打造成首批市级环境教育基地，面向社会公

---

① 绿色明珠—珠海环保公众网，http://www.zhepb.gov.cn/xxgkml/ywgz/xcjy/lssq_1/。

众开放。公司专门制作了污水处理工艺流程示意图、制作污水处理生产子项标识、制作水资源保护宣传图片、印制了 2000 余本环保知识宣传小册子、利用净化水进行养鱼，展示中水回用实例、制作树木介绍牌、设置人工鸟巢、制作水资源保护教育知识幻灯片等。该基地经常邀请学校师生到基地参观，通过现场参观、专人讲解，环保图片展览，观看幻灯片，发放环保知识宣传手册等形式，开展以水资源保护、污水治理、节约用水为主题的宣传教育。截至目前，公司接待来基地参观学习的大中小学生、幼儿园小朋友、社区居民以及社会各界人士已达 12000 人次。

（四）塑造低碳文化

通过低碳教育，广泛传播低碳文化，使"绿色文化"辐射全社会。在很多学校鼓励环保节能的宣传画报、标语随处可见，这些"绿色文化"在潜移默化感染学生心灵的同时，也通过学生将"绿色文化"带回家庭，辐射社会。在"绿色学校"、"绿色教育"实践过程中，逐渐形成了一个学生影响一个家庭，一所学校影响一个社区，一个社区辐射全社会的局面。

专栏九：珠澳百名环保志愿者减碳单车游

澳门、珠海两地百名环保志愿者相聚在美丽的澳门西湾湖广场，共同举行 2012 珠澳减碳单车游活动，以实际行动倡导"低碳生活、绿色出行"。为深化澳珠两地环保合作，澳门、珠海两地环境保护部门从 2011 年开始合作举办两地的单车绿道游活动，两地分别组成单车队，在彼此的城市绿道上驰骋，一起享受绿色出行的乐趣。2012 年 9 月 22 日，珠澳两地近百名单车爱好者和环保志愿者从澳门西湾湖广场出发，沿着本岛海岸线环岛一周，沿路欣赏澳门海岸风光，体验绿色出行乐趣，同时向市民宣传低碳生活、绿色出行的理念。珠海市环保局相关负责人表示，珠澳单车游活动旨在倡导"能走不骑，能骑不坐，能坐不开"的出行理念，把步行和骑自行车出行作为缓解交通压力、促进节能减排、保护环境、强身健体的有效行动。活动开展收到很好的社会效益，加强了珠澳两地环保宣传教育合作，也强化了居民保护区域生态旅游资源的意识。

（五）倡导低碳生活

提倡生活简单、简约化。引导市民尽量选用本地产品、季节产品及包装简单的产品，减少商品在运输过程中的碳排放，逐步限制直至取消一次性物品的使用。组织编写低碳生活家庭行为手册，介绍在家庭生活中减少碳排放的方法，促进人们日常生活从传统高碳模式向现代低碳模式转变，养成健康、低碳的生活方式和生活习惯，消除碳依赖。

（六）增强公众参与意识

由于目前直接涉及低碳的问题不多，可以环保为例说明，珠海市居民环保意识很强，市环保局也越来越重视聆听老百姓意见。因此，珠海市政府开通微博、电话、投诉信件等方式，方便居民更好地参与到城市管理工作中来。现在珠海市每年平均有 2000—3000 封信件，投诉重点集中于大气（恶臭、污染等）和噪音（施工、市政工程等）。[1]

三、珠海市低碳发展公民参与调查分析

为摸清珠海市各区市民低碳城市建设的参与程度，了解目前珠海市市民公众参与决策的现状与途径，课题组组织了珠海市低碳发展公众参与问卷调查。按照珠海市香洲区、斗门区、金湾区、高新区、高栏港区的人口占比，共发放问卷 610 份，回收有效问卷 602 份，问卷分析结果如下：

---

① 数据来源：珠海市市政园林和林业局。

（一）公众参与低碳活动的主动性高

珠海市开展了多项低碳宣传活动，逐渐在全社会形成了积极参与低碳活动的氛围。在调查的 602 个有效样本中，75.4% 的公民参与过各类低碳活动，其中最多的三项是社会公益组织的低碳活动（40.7%）、学校组织的低碳活动（39.9%）和社区组织的低碳活动（38.8%），其他选项反馈的参与率也超过了 20%，表明公众参与低碳活动的意识较高，珠海市具备低碳发展的良好群众基础。调查还了解到，有很多社区开展过与低碳建设相关活动。主要包括节能节水知识（51.7%）、派发传单（32.7%）、普及垃圾分类（29%）、公共自行车租赁（27.7%）、制作宣传专栏（22.3%）等方式，说明居民在生活中注重节能节水，能够较好地接受各种形式的低碳知识宣传。

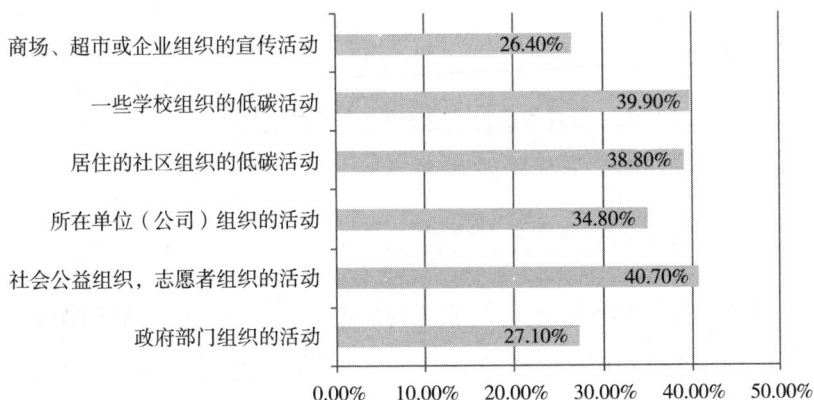

图 5–1　珠海市民个人见过或参与过的低碳活动情况

（二）重在实现政府引导、多方联动

现阶段珠海市建设"低碳城市"存在的三大问题是全社会对低碳重视程度不够，尤其缺乏政府引导（54%）；低碳消费还没有被老百姓接受，生产企业也不买账（50.1%）；低碳发展资金匮乏（43.2%）。其他问题包括政府难以下定决心将传统污染和排放大户企业完全搬迁（35.2%）、社会物质导向的价值观（30.2%）、缺乏环保类公益组织的参与与宣传（29.4%）等。从调查结果看，人们认为"低碳城市"建设中最重要的是个人认识觉悟提高，

故倡导政府低碳引导先行，再结合社会组织宣传低碳公益活动、社区广泛推广、企业进行低碳环保生产改造，促进人们形成低碳消费意识和低碳生活理念是可行之路。

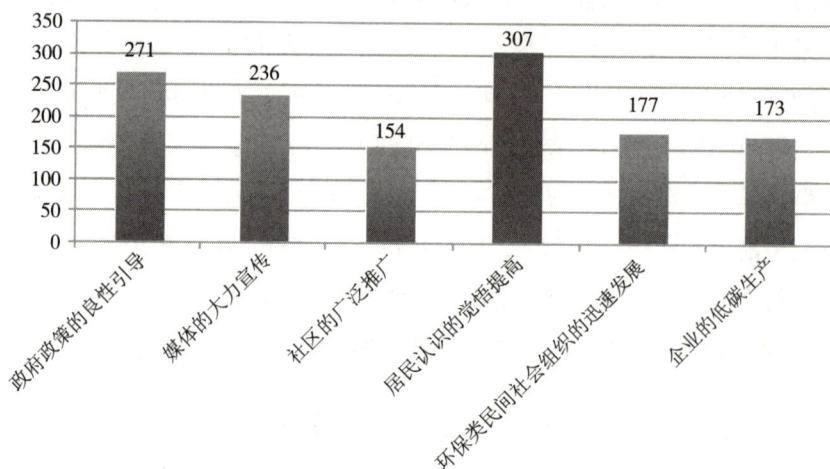

图 5-2　珠海市建设"低碳城市"中的主要依靠力量

（三）发挥公众志愿活动精神

在参与低碳社会构建的途径选择上，受访者更倾向于节水节能（58.9%）、低碳消费（48.7%）、志愿者活动（39.7%）。与其他很多地区不同的是，珠海市依托广东省社会组织发达的优势，有大量的 NGO 与志愿者们

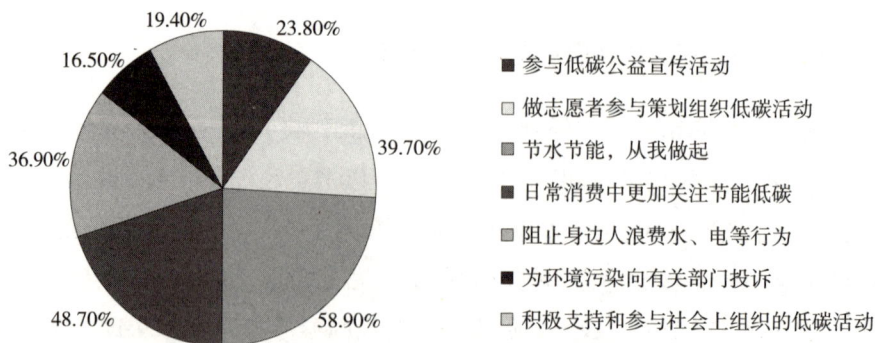

图 5-3　珠海市低碳社会构建的参与途径

参与珠海市低碳建设活动，比如"志愿时"活动。截至 2013 年 10 月份，已有 3527 千人次共提供志愿服务时间 7804 千小时，组织了植树、绿色出行等低碳宣传服务活动，在普及低碳知识方面做出很大贡献。

（四）提升社会的环境维权意识

当遇到环境污染或环境破坏行为，新兴的微博、微信（45.5%）等网络平台当选最受欢迎的公众参与方式；传统媒体，包括报刊、广播、电视（37.6%）等，向环保局投诉、向公安局报警和居委会举报也是一些受访者的选择；但也有 30.2% 的受访者选择了"视而不见，觉得相关部门会处理"，这表明，居民总体的环境维权意识还有待强化。

表 5–2　遇到环境问题时受访者的反应

选项	频数	百分比
视而不见，觉得相关部门会处理	181	30.2%
打电话给报刊、广播、电视	225	37.6%
发布在微博、天涯等网络平台上	273	45.5%
给环保局或公安部门打电话	129	21.5%
向居委会等举报	115	19.2%

（五）增强公众低碳决策参与意识

对于举报污染行为的经历，59.6% 的人认为反馈效果一般，25.3% 的人很不满意。当问及参与环境评估或听证会的意愿时，愿意参与的人数仅占 37.4%，这表明公众对现有意见表达平台的信任度和积极性不高，遇到问题不愿意寻求解决或不知道如何寻求帮助，这为公众参与体制的进一步完善提供了空间。

表 5–3　环境问题举报后实际反馈效果

选项	频数	百分比
好	91	15.1%
一般	359	59.6%
不理想	152	25.3%

表 5–4　参与环境评估或听证会的意愿

选项	频数	百分比
愿意	228	37.4%
不愿意	171	27.1%
无所谓	211	35.5%

综上所述，尽管珠海市市民参与低碳活动的积极性较高，但仍有较大的提升空间。伴随着网络媒体的蓬勃兴起，人们维权意识的不断加强，如何丰富公众参与低碳发展的途径，形成良好互动，是今后的重点工作。

四、本章小结

（一）政府应为公众参与低碳发展拓宽渠道

由于珠海市市民环保意识较强，政府也越来越重视聆听市民的意见，目前已经通过开设热线电话 12345、信件投诉、举报中心投诉，新闻媒体报道等方式接受群众的环境投诉，让公众能便捷地获取参与低碳发展的方式。此外，还可以通过开设政府信息公开栏、微博发布等方式及时地公布环境信息，为公众咨询和监督提供相应渠道，如对市内重点工程项目的工程造价、招标结果、项目建设进度等定期公布，接受公众监督等。

（二）依托志愿者服务平台，激发公众低碳活动参与热情

继续发挥珠海市社会组织的力量，依托志愿者组织的影响力与认可度，鼓励市民广泛参与低碳建设，对于积极参与的年轻人群体可以考虑给予相应荣誉或者奖励，维系其参与的积极性。这既是培养公民低碳消费意识的过程，也是培育公民良好行为习惯的过程。通过低碳消费观念的阐述、低碳消费行为的示范，能够起到较好的教化作用，营造低碳发展的氛围。

（三）政府引导，与企业、社区、学校共同宣传普及低碳知识

学历、收入、工作等影响低碳社会构建的每个环节，应该建立以政府引导，各类企业、社区、学校协同合作的联动体系，在低碳政策制定之初，就积极争取公民参与。在每个环节都尽可能地考虑公民实际需求，形成良好的低碳政策反馈与执行效果，最终实现珠海市建设低碳城市试点的目标。

总体来看，低碳城市建设不仅是一种技术创新和规划策略，而且是一项需持之以恒的社会系统工程。一个城市要实现真正的低碳，不仅仅要从经济、技术、法律与制度层面上实现，更要从作为城市一分子的居民转变价值观念、生活习惯与生活方式开始，让低碳生活成为一种习惯和态度。因此，珠海市要减少碳排量，改善城市环境，增强城市整体素质，构建低碳城市，加强珠海市低碳发展公众参与势在必行。

第六章

珠海市横琴低碳经济区建设试点

2009年8月14日，国务院批准了《横琴总体规划》，2009年12月16日，横琴新区正式挂牌成立。横琴岛土地总面积106.46平方公里，海洋、湿地、森林三大生态系统和谐并存。根据相关规划，横琴将建成连通港澳、区域共建的"开放岛"；经济繁荣、宜居宜业的"活力岛"；知识密集、信息发达的"智能岛"和资源节约、环境友好的"生态岛"。在低碳发展方面，珠海市横琴新区致力于打造我国领先的低碳经济区。2013年12月，横琴新区正式启动低碳横琴建设，成为首批国家级海洋生态文明建设示范区和广东省首批低碳试点县（区），肩负着为广东争当全国绿色发展排头兵率先探路的重任。横琴新区明确低碳目标、积极探索低碳发展战略、创新低碳发展路径，对于全国低碳发展具有独特的示范作用。

一、横琴试点的优势与特色

横琴新区与全国各地低碳试点相比具有自身的独特性。首先，横琴是一个刚刚起步，正在开发建设的新区。随着人口增长和经济活动大规模展开，其能源消耗和碳排放在一个时期内将不可避免的快速上升。即使以强度指标衡量，要保持低建设期强度在全世界范围内缺乏先例。而打造横琴低碳经济区，从规划入手，采用高标准、新技术和先进的全过程管理，将能源强度和碳强度控制在较低水平，将成为全国典范。其次，横琴优美的景观、得天独厚的自然环境，是吸引人才、资金、技术和管理资源不可多得优良条件，更是横琴绿色发展和低碳发展的资源基础。此外，中央政府对横琴开发和创新寄予厚望，给予了支持和优惠政策，广东省政府和珠海市对横琴新区的帮助更是其他试点地区无法比拟的。这些独特优势和特色是横琴新区打造具有先进性和示范性全国低碳典范的重要依托。

二、横琴试点的目标与任务

《横琴低碳发展规划》在充分对标世界、全国、广东和港澳的基础上，根据横琴近年来基础设施以高标准要求建设、产业发展以高质量现代服务业项目为主的实际，考虑到横琴森林、湿地、海洋碳汇能力强大，能源多联供、风能利用等清洁能源利用方式基础扎实的现实情况，明确提出横琴低碳发展"双最低"目标（单位 GDP 能源消耗量为标准煤 0.128—0.142 吨，进入国内最低行列、单位 GDP 二氧化碳排放量 0.22—0.24 吨，进入国内最低行列），具有标准的先进性和技术的可行性。以此为目标，横琴区确定了能源转换、建筑、产业和交通等方面能源消耗的结构为 3∶6∶4∶2，并结合废弃物管理、生态碳汇两方面，梳理出六大重点领域：高效、清洁的低碳能源体系；科技、创意的低碳产业体系；低耗、宜居的低碳建筑体系；智慧、畅达的低碳交通体系；无废、再生的城市矿藏体系；汇碳、和谐的城市生态体系。此外，还提出横琴低碳城市品牌建设、低碳示范基地建设、低碳创新园规划等战略举措并配套了实施措施，具有较强的可操作性。

在确定发展目标时，采取了情景分析方法分析横琴新区未来的能源消费和碳排放。规划设置了基线情景、规划情景和低碳情景。规划情景比基线情景少排放 118 万吨二氧化碳，少排放率 42.2%；低碳情景比基线情景少排放 150 万吨二氧化碳，少排放率达 53.6%，并将这一目标在能源、工业、建筑、交通、废弃物管理和碳汇方面进行了任务分解。这些具体的任务举措汇总如下：

表 6-1　横琴低碳规划中的总体任务

类别	规划重点
低碳能源体系	1. 实行能源消费总量控制；2. 改善传统能源的结构；3. 加强能源的综合利用，提高能源生产和转换部门的能源效率；4. 积极推广太阳能热水器、太阳能路灯、光伏屋顶等分布式能源，在资源普查基础上确定横琴新区分布式能源供应比例
低碳产业体系	1. 引导产业集聚；2. 制定严格的产业发展政策，重点发展轻型化、知识密集型、以科技创新为标志的新型产业；3. 利用中央赋予的金融创新政策，与香港国际金融中心错位发展、优势互补；4. 创新口岸通关制度
低碳建筑体系	1. 优化目前已有的城市规划；2. 编制高于国家标准的横琴新区建筑节能标准，推进低碳建筑建设；3. 建立公共建筑能耗定额管理体系；4. 构建公共建筑能耗监管体系；5. 推广适宜当地气候和生活方式的技术；6. 大力推进低碳绿色建筑建设；7. 加强绿色建筑设计；8. 倡导建筑节能降碳的生活细节；9. 在居民中培养低碳生活方式
低碳交通体系	1. 优先规划绿色横琴的智能交通格局；2. 实施全过程低碳交通模式管理；3. 倡导健康低碳出行方式；4. 倡导成立低碳环保交通的城市联盟；5. 打造水陆空交通的畅通接驳
废弃物管理体系	1. 通过政府公共机构进行示范；2. 对建设项目的废弃物产生和管理进行评估；3. 因地制宜地确定垃圾分类系统；4. 实行雨污分流，污水全面处理，中水回收利用
生态碳汇体系	1. 建设森林碳汇，加强林地恢复与管护；2. 加强景观林地建设，推进城市立体绿化；3. 恢复重建红树湾湿地，建设人工湿地系统；4. 挖掘潜力巨大的海洋碳汇

三、横琴试点已开展的工作

（一）构建"中心＋外围"的规划引导体系

横琴新区与清华大学气候政策研究中心合作编制了《横琴新区低碳发展规划》，完成了对区域能源、绿色建筑建设等"九大"系列专项规划，对其产业发展、城市环境、交通、建筑、能源、水资源、固废利用等做出了一系列低碳环保安排，构建了"中心＋外围"的规划体系，为横琴新区低碳发展提供了坚实保障。

（二）确立以现代服务业为主的产业发展方向

2010 年，横琴控制性详细规划审定，横琴七成以上的土地被列为"禁建区"和"限建区"。次年，围绕产业、能源、建筑、交通、市政、近岸海域、绿地、水系、社区等内容，以《横琴"生态岛"建设总体规划》排除了高碳、高排放的产业类型，并提出产业准入目录和条件，大力推进总部经济建设，重点发展旅游休闲、商务服务、金融服务、文化创意、中医保健、科教研发和高技术等高端现代服务业。高起点制定了《横琴新区生态岛建设促进办法》和《横琴新区投资（用地）项目准入管理办法（试行）》，禁止一般工业和污染类项目入岛，引进一批符合横琴产业定位和功能的大项目、好项目，推动产业低碳化发展。

专栏十：珠海低碳规划中设计的相关产业

在低碳创新园区，形成低碳技术研发、低碳产业孵化、低碳原型产品研制等若干产业集群，培育低碳产业链竞争优势，打造核心低碳技术研发基地、创新性低碳产业孵化基地和低碳原型产品研制基地。

在低碳博览会展区，打造以低碳为核心理念和品牌多元化、多功能、综合性、超大型横琴低碳博览会展中心，成为全国乃至全球低碳产品、技术、设计、最佳实践、创新模式以及整体解决方案的展示、博览会展基地；建设永久性低碳示范博览馆，建立珠三角低碳城市联盟、粤港澳低碳发展联盟永久会议所在地，打造一批具有全球性影响的知名低碳品牌展览，掌握低碳品牌话语权，成为全球性低碳发展展示的风向标和低碳前沿动态的舞台。

在低碳金融中心区，有效利用离岸金融政策优势，充分发挥灵活快捷的国际资金融通能力，成为横琴低碳示范基地建设的资本纽带，有效利用离岸金融政策优势，打造全球重要的碳排放权交易后台服务基地和低碳投融资基地。具体措施包括鼓励当地金融机构在风险可控的前提下设计适合低碳产业项目以及能效项目的更加灵活的担保机制，同时鼓励港澳金融机构及其他机构在横琴新区设立融资租赁公司、消费金融公司和小额贷款公司。

（三）在全岛推广绿色建筑

横琴新区已要求绿色二星以上建筑比例须达三成以上，近两年总建筑面积432.06万平方米的18个绿色建筑示范项目建成后，能年均替代常规能源折合标准煤4.32万吨，减少二氧化碳排放量11.53万吨，减少二氧化硫排放量864吨，减少粉尘排放量432吨。

（四）推广清洁能源，建设"无煤岛"

根据规划要求，横琴新区将不建燃煤燃油电厂、禁设单独的供暖供冷设施。总投资约120亿元的多联供燃气能源站在该区建成后，不仅成为南方电网输电澳门的可靠、经济的电源支撑点，还将形成覆盖横琴新区，集电、热（冷）、气、水多联供为特色的新型绿色能源基地，为该区提供集电、热（冷）、气、水多联供为特色的绿色清洁能源，实现"无煤岛"。

（五）面临的主要困难

一是目前低碳建筑是排放重点。横琴正处在大建设阶段，建筑污染物排放相对较大，是能耗重点，如何协调又好又快发展是个难点。二是未来低碳交通是排放重点。休闲旅游等七大行业是横琴鼓励发展的重点产业，如长隆国际海洋度假区聚集大量人气，而前来休闲度假的游客很多采取自驾游方式，汽车尾气排放可能会加大能耗，需要整体协调低碳交通和休闲旅游等行业的和谐发展。

四、本章小结

　　享受"比特区还特"的政策，定位于"'一国两制'下探索粤港澳合作新模式示范区"的横琴新区，被视为广东省转型升级的重要平台、珠海市科学发展的重要引擎和突破口。横琴新区的低碳发展，在国内已经具备一定比较优势，下一步应按照已有低碳规划和横琴总体发展规划的要求，在产业、建筑、交通、森林碳汇等方面制定相关的低碳专项规划，进一步明确相关领域的目标任务及保障措施，在低碳建筑、低碳交通上创新举措，最大限度地降低碳排放量；在碳排放交易机制建设、创新低碳技术支撑体系上有所突破；在构建低碳发展体制机制上先行探索，朝着建成"中国领先、世界一流"低碳经济区的方向迈进。

附录 1

珠海市低碳消费与公众参与调查问卷

尊敬的女士／先生：您好！

我们是北京师范大学《广东省珠海市低碳发展研究》课题组成员。为了解珠海市"低碳城市"建设开展情况，希望占用您宝贵的时间，帮助我们完成一份问卷。作答时在相应数字下划圈或填写即可。问卷是匿名的，请按照您的想法如实填写。问卷结果仅用于科研，无商业或营利用途。感谢您的大力支持！

调研员　　　　　调研地区街道（镇）

A. 【低碳消费行为】

序号	项目	完全同意	基本同意	一般	不太同意	不同意
A1	我对低碳消费很了解	5	4	3	2	1
A2	我有很多衣服买来后没怎么穿过	5	4	3	2	1
A3	我很少浪费食物，在家或食堂吃饭基本能够做到"光盘族"	5	4	3	2	1
A4	我在外就餐时，一般会把剩菜剩饭打包带回家	5	4	3	2	1

续表

序号	项目	完全同意	基本同意	一般	不太同意	不同意
A5	我在购买家电或装修时，把节能作为重要考量标准	5	4	3	2	1
A6	如不着急，我会时常选择租赁自行车作为短途代步工具	5	4	3	2	1
A7	若买车或用车，通常会选择小排量汽车	5	4	3	2	1
A8	我在超市购物时，会自带购物袋或购买可降解的环保购物袋	5	4	3	2	1
A9	日常生活中，我尽量做到节水、节电、节气	5	4	3	2	1
A10	我会尽量少使用"一次性"生活用品	5	4	3	2	1
A11	对于用过的旧物，我会改造再利用或者送给需要的人	5	4	3	2	1
A12	我所在的单位存在较严重的水、电等资源浪费现象	5	4	3	2	1

B.【低碳政策实效】

序号	项目	完全同意	基本同意	一般	不太同意	不同意
B1	打开报纸、电视等媒体杂志，我时常会看到宣传低碳消费的行为	5	4	3	2	1
B2	我觉得政府、企业或社区派发低碳宣传资源手册、开展"节能宣传月"、举办"地球一小时"等方式很有效	5	4	3	2	1
B3	我认为珠海在建设"绿色学校"、"绿色社区"、"环境教育基地"方面做得很好	5	4	3	2	1
B4	我赞同在全市推广天然气、太阳能、风能的做法	5	4	3	2	1
B5	我觉得城市公共租赁自行车使用效率比较高，应大力推广	5	4	3	2	1

续表

序号	项目	完全同意	基本同意	一般	不太同意	不同意
B6	我认为现在珠海市的公交车线路较合理，也很方便，一般外出会考虑	5	4	3	2	1
B7	如果给予一定的奖励或补贴，即使仍比普通商品价格高一些，我也愿意多购买低碳商品	5	4	3	2	1
B8	宁愿发展慢点，我也希望政府能够抵制或关闭炼化等重化工企业	5	4	3	2	1
B9	我支持政府出台建筑节能的强制措施，尽管可能使房价略微上涨	5	4	3	2	1
B10	我觉得垃圾分类必须要采取一定强制措施，单靠宣传引导效果不明显	5	4	3	2	1
B11	我更倾向于购买有节能标识或低能耗的商品	5	4	3	2	1
B12	我发现多数企业不太注意自己产品的环境影响和能耗标识	5	4	3	2	1
B13	我对那些注重环保、低碳经营的企业会更有好感	5	4	3	2	1
B14	我对珠海市政府在引导居民低碳消费方面所做的工作很满意	5	4	3	2	1
B15	我会因为低碳的需要，考虑并改变自己的消费习惯（如少开车等）	5	4	3	2	1

B16　您认为"低碳消费"还未普及的原因是（限选 3 项）

1. 对这个概念不了解，没有养成低碳消费习惯

2. 低碳消费会造成生活的不便

3. 这是一项系统工程，依靠公民自身力量难以实现

4. 很多人消费理念中虚荣心重，追求豪华奢侈

5. 企业或媒体宣传不到位

6. 政府缺乏必要的引导

7. 目前没有相关的制度约束与奖励，高碳和低碳与否意义不大

C.【低碳公众参与】

C1 珠海市是广东省首批"低碳城市"试点，您知道吗

1. 知道　　　　　　　　　2. 不知道

C2. 您见到或参与过下面哪些机构组织的低碳活动（不定项）

1. 政府部门组织的活动

2. 社会公益组织、志愿者组织的活动

3. 所在单位（公司）组织的活动

4. 居住的社区组织的低碳活动

5. 一些学校组织的低碳活动

6. 商场、超市或企业组织的宣传活动

7. 以上都没有接触和参加过

C3. 您所在的社区（居民区或居委会）是否开展过以下活动（不定项）

1 垃圾分类知识普及　　　2. 公共自行车租赁系统介绍

3. 节约水电知识宣传　　　4. 派发低碳宣传单

5. 制作低碳宣传栏　　　　6. 以上都没有

C4. 您觉得珠海市"低碳城市"建设存在哪些大的障碍（限选 3 项）

1. 政府难下定决心将传统污染和排放大户企业完全搬迁

2. 低碳消费还没被老百姓接受，生产企业也不买账

3. 珠海市缺乏低碳发展所需的大量资金

4. 全社会对低碳重视程度不够，尤其是政府在引导方面不足

5. 缺乏环保类的公益组织，缺乏人积极参与和宣传

6. 社会发展还没达到一定程度，都在以赚钱为目的

C5. 您觉得"低碳城市"建设，最重要的要依靠谁的力量（限选 3 项）

1. 政府政策的良性引导　2. 媒体的大力宣传　3. 社区的广泛推广

4. 居民认识的觉悟提高　5. 环保类民间社会组织的迅速发展

6. 企业的低碳生产　　　7. 政府部门的率先示范

C6. 您更愿意从哪些事情入手去参与低碳社会的构建（不定项）

1. 参与低碳公益宣传活动　　　　2. 做志愿者参与策划组织低碳活动

3. 节水节能，从我做起　　　　4. 日常消费中更加关注节能低碳

5. 阻止身边人浪费水、电等行为　　6. 为环境污染向有关部门投诉

7. 积极支持和参与社会上组织的低碳活动

C7. 如果发现身边有严重污染或破坏环境行为，您可能（不定项）

1. 视而不见，觉得相关部门会处理　　2. 打电话给报刊、广播、电视

3. 发布在微博、天涯等网络平台上　　4. 给环保局或警察打电话

5. 向居委会等举报

C8. 若您有过向政府投诉、在网络发帖等任何举报污染行为的经历，请问实际反馈效果如何？

1. 好　　　　　　　　2. 一般　　　　　　　　3. 不理想

C9. 若市里要举行一次某项目环境评估或听证会，您是否愿意参加发表意见

1. 愿意　　　　　　　　2. 不愿意　　　　　　　　3. 无所谓

D.【个人资料】

D1. 性别　　1. 男　　　　　2. 女

D2. 学历

1. 高中以上　　　　2. 高中或中专　　　　3. 大专

4. 大学本科　　　　5. 研究上或以上

D3. 月均收入

1.1000 元以下　　2.1001—3000 元　　　　3.3001—5000 元

4.5001—8000 元　　5.8001—10000 元　　　6.10000 元以上

D4. 职业

1. 机关事业单位工作人员　　2. 公司／企业工作人员　　　3. 军人

4. 教师／研究人员　　　　　5. 自由职业者　　　　　　6. 学生

7. 无工作（家庭主妇、离退休或者下岗人员）　　　　　　8. 其他

D5. 年龄

1.20 岁以下　　　　2.20—29 岁　　　3.30—39 岁

4.40—49 岁　　　　5.50—59 岁　　6.60 岁以上

D6. 您的户口所在地

1. 本地城镇户口　　　　　　2. 本地农村户口

3. 外地城镇户口　　　　　　　4. 外地农村户口

再次感谢您的大力配合！

北京师范大学《广东省珠海市低碳发展研究》课题组

附录 2
珠海市低碳发展调研座谈会纪要

一、横琴低碳规划评审会（2013.5.11）

出席人员：珠海市发改局相关人员，横琴管委会相关人员，北大、清华、北师大、国家发改委、西门子公司相关专家

与会人员主要建议：

1. 在交通方面，不能太强调公共交通，盲目做大，而致使上座率很低，应提倡发展慢性交通。慢性交通不是要限速，而是要多建自行车道或步行道。通过构建慢性交通体系，有效控制死亡率；设置隔离护栏，保证线路安全、高效运行。

2. 在新能源方面，珠海市新能源发展潜力很大，应充分利用风能、光伏等；珠海市在建设发电风车景观资源方面也有很大潜质，要用好珠海的岛屿资源。

3. 在低碳建筑方面，结合未来城市发展要求，总结城市转型经验，珠海市率先在学校、科研基地实现低碳建筑节能减碳的要求。

4. 在低碳金融、低碳博览会和海洋经济等方面，寻求发展新亮点。

5. 在碳排放总量方面，按照 2015 年、2020 年等时间节点，明确碳排放目标，实现总量封顶，找准实施路径。

6. 在规划实施方面，应当明确低碳发展项目，构建低碳发展评价指标

体系。

7. 横琴低碳发展应瞄准"世界先进低碳示范区"目标，学习北欧、瑞典等经验，实现"零排放"。近期把"全国低碳发展示范区"作为阶段性目标，发挥后发地区的优势，设置严格的排放指标限制，提高单位碳排放 GDP 产出。重点考虑信息化、物联网、视频网等在促进数字横琴建设中的作用。

二、珠海市发改局座谈会（2013.5.12）

出席人员：珠海市发改局相关负责人

（一）珠海低碳发展的主要工作

一是申报了国家级"低碳城市"实验区，广东省是国家首批开展低碳发展的试点省之一，珠海市在全省主动申请并获得低碳城市试点，出台了相应的试点方案；二是划定横琴新区为国家级低碳发展试点，目前正处在规划编制阶段。

（二）珠海低碳发展的主要优势

1. 自然条件优越：依山傍水，自然生态环境好。开发时间短，总共也就 3 年左右，没有经过历史性破坏。在城市建设过程中，珠海市市委、市政府对环境生态问题非常重视，把尊重和保护好自然条件作为工作的重中之重。

2. 低碳发展定位：珠海市是珠江口西岸核心城市，而目前广东省境内基本形成了北面以广州为核心、东边以深圳为核心的区域总体格局，西部地区没有聚拢、辐射作用的城市。把珠海市列为西部核心城市，明确城市定位，促使其在城市建设、社会风气以及生态保护方面走在前列，发挥示范作用。

3. 低碳发展基础：经过改革开放 30 多年的经济发展，珠海市已经形成了一定的经济基础，而且，环境负担不重、旧城改造压力较小、大范围的历史遗留问题不多。

（三）珠海市低碳发展的初衷

一是长期的优势亟待发挥。珠海市市委、市政府历来重视环境保护问题，在这方面获得很多荣誉，良好的生态环境已经成为城市的名片和最大优势。

二是实现可持续发展。广东省低碳发展应当走在全国前列，"低碳城市"不是概念研究和套用国外技术型、资金型密集产业的经验，而是必须具备一定的物质、技术基础和政策条件，而这些条件的汇集，需要通过系列调整措施来实现，在一定程度上是倒逼珠海市实现可持续发展的途径。

三是前期理论准备充足。在低碳发展对珠海市相关条件的要求以及对珠海市发展的意义和作用等方面，珠海市市委、市政府开展了大量的前期研究，并取得了一致认识。

（四）珠海市低碳发展的不足

1. 在政策上，包括横琴岛开发在内，处于刚起步状态，需要体制机制上的配套扶持。

2. 在资金上，广东省政府 2011 年安排低碳发展专项基金 3000 万，总量不大，对开展低碳项目几乎没有什么作用，主要用于基础性研究，制定了相关规划，如珠海市低碳发展规划，东澳岛低碳发展规划以及相关实施方案，包括横琴低碳规划在内，都获得了相关资金支持。

3. 在规划上，前期已经完成了一些低碳规划的制订，后期还会制定出台一些相应政策，主要集中在实体性项目合作、体制机制创新等方面。西门子公司也在低碳城市、节能技术等领域从事珠海市低碳发展规划的相关研究，尤其是通过技术分解，对目前节能领域的重要环节，节能效果的评价，节能挖潜的空间，下一步低碳环境建设、低碳生活塑造、减少碳排放、完善相关社会服务等方面提出了建议，但这些规划还存在细化落实的问题。

（五）珠海市低碳发展的落实情况

1. 区镇级层面。有些区走在了前列，有些区还摸不着方向。在清洁能源方面，风电、太阳能等得以大范围利用；在低碳减排、社区建设方面，2012 年开始试点工作，目前有一个镇已经整体开展了低碳试点工作；在低碳建筑方面，如低碳材料利用，热墙体材料开发等方面，珠海市相关企业也开始了相关探索。

2. 市级层面。在推动低碳产业技术方面，建立了融交易、研发等为一体的项目，注重在低碳材料、技术方面开展合作，成立了实体性合作机构；通过资金联合贷款、项目合同管理的方式，有效解决低碳项目开展的投融资及相关管理问题。

（六）珠海市低碳发展的挑战

1. 在组织建设和评价指标体系设计上有困难。低碳发展，意味着需要从政绩考核上进行大调整，坚持"蓝色珠海、科学发展"理念和思路。环境保护作为历史潮流，将升级地方的发展衡量指标和结构，这使得项目和改革在实施时很难设计，更难采取惩罚性措施。

2. 在人员素质提高上需要狠抓落实。由于国家整体发展战略的偏移，提出了新的要求，而新的要求需要现有结构、人员、资金结构发生改变。新的任务要求附加到原有基础上，这必然会增加工作量，新的意识储备，以及经办人员的组织落实，对现有人员素质提出了新的挑战。

3. 在政策倾斜上难有实质性进展。以横琴准备做低碳交易所为例，实施难度很大。2011 年 8 月，广东省在广州筹建环境产权交易所，在这么近的位置不可能再设立新的交易场所。在体制机制创新方面，相关优惠政策赋予了广州，主要的工作、业务、包括财务、软件以及研究等市场基本被"抢光"，珠海在前台做不了什么，后台也无法操作。

三、珠海市发改局座谈会（2013.11.25）

出席人员：珠海市发改局相关工作人员

（一）珠海发展现状

1. 设立相对严格的企业准入标准：新的煤电项目不能获得批准，现有的煤电企业烟气排放脱硫技术已经成熟、脱硝技术还未全部推广。未来珠海市的主要能源是天然气，计划在全市推广"热电联供"，并在2015年全部完成居民的天然气改造，届时整个珠江口西岸、珠三角地区都将由珠海市提供天然气。

2. "低碳交通"是最大特色："零轨电车"正在动工中；横琴特区内公交车已全部替换为纯电动车，计划2014年扩展到500辆；西门子公司正在帮助珠海市交通局，助力全市低碳交通基础化。

绿色出行或低碳交通的特色包括：公交车改造、出租车改造、城市有轨电车（2014年10月将正式运行，第一期9公里），尤其以横琴岛为特色：燃油汽车不能获准上岛，电动车成为主要交通出行工具。在珠海市未来规划中，将会大范围推广LNG的营运模式，天然气供给也会推广到中山、佛山等珠江口西岸城市。

3. 低碳金融发展：目前还停留在框架概念上，没有技术支撑；没有与之配套及相应的人才支撑；边沿性、后备型的技术及规划没有跟上。

4. 湿地自然保护：不仅采用行政手段来保护，准备列入特区法律。但珠海现有"碳汇"、"碳减排"等数据还没有进行具体测量，仅有湿地的面积数据。若要将数据量化，需通过更为详尽、复杂的技术来完成，珠海市准备委托广州林业研究所具体承接这项工作（广东省专门成立了一个林业研究所，能够通过专业技术将"碳汇排放"进行标准量化）。

（二）重点"碳排放"控制企业的监督及改造

1. "重点碳排放"企业已纳入广东省历史信息排查项目（已完成）。

2. 核定各个"重点碳排放"企业的碳排放量（已完成，虽有虚报情况，但通过科学调研与精确计算已尽量排除虚假信息，结论较具公信度）。

3. 根据各个企业的现状，未来每年会给一个碳排放的合理压缩幅度，超过的量需要通过交易购买。

4. 大力推广这种形式，并逐年增加"重点碳排放"企业的数量。

（三）珠海市"重化工"及重工业的发展现状

一个城市发展不可能没有工业，但是为了保证生态文明建设，需要设置"准入"门槛。通过筛选、并按区域特点划分特区（以高栏港为重点），申报循环经济示范区（特点是自身循环、低碳控制）。

（四）能源消费结构及专项资金

所有的数据分析仍然以统计部门数据为准，珠海市发改委没有单独做数据统计。但是"新能源结构建设"是有规划的：到"十二五"末期，争取达到 7.4% 的使用比例（国家要求 6.5%），全力构造新能源示范城市。由于国家还未批示相关专项资金，现今可以大力推广发展的低碳项目包括：风能、电能、潮汐能（基本上很难利用）、太阳能、沼气。珠江口西岸地区，有浅滩堆积，利用地势特点可以发展渔业、养殖业，同时部分海岛也可以利用，但还没有正式纳入发展规划。

（五）推广低碳发展，到底会耗费多少资金

"低碳"并没有特定范围，没有明确的定义来划分"低碳"的框架或边界，只要之前涉及调整、优化及促进生态文明建设相关内容都可以与低

碳发展一起考虑，但是无法明确判定"低碳"投入了多少？2012年的生态文明建设投资（节能环保类）有一个粗略的专项耗费为4.7亿。往年项目资金注入增幅都与GDP挂钩，十八届三中全会后确定"不以GDP论英雄"，未来发展态势还是比较乐观的。广东省低碳发展专项基金3000万，目前主要用于基础性理论研究，后期会考虑增加投入，开展重点示范实体项目。

"税收减免政策"是由国家制定、地方执行，珠海市还没有实施。在宣传角度上不叫"低碳发展"，都称之为"生态文明"，珠海市讨论通过了"生态文明指标"，并将按此指标来实施财政税收政策。由于税收优惠政策不由地方决定，所以珠海市仅仅通过一些财政补贴鼓励环保节能。

（六）低碳发展方面的干部培训及教育

政府各个职能部门都有干部培训计划，"低碳培训"可以纳入其中，列入必修课或者选修课（现状）。目前培训的必修课和基础理论课中已经对低碳有所涉及，主要是生态文明观念的培养。珠海市《低碳城市实施方案》对高校生态文明建设的培养及规划都提出了明确要求。

（七）低碳社区的建设现状

珠海市现在已经开展了一些生态文明社区的试点工作，在《低碳城市实施方案》中要求将设立生态文明社区列入各个区县的具体规划中。不过，低碳社区（目前还没有开始设置）和生态文明社区（各个行政区都设置了，且逐年增加）有很多重合点，可以考虑在生态文明社区挂牌试点低碳社区。珠海市可以细化生态文明建设的内容，并列入社区、居委会工作当中，可以通过"认定计划"或"划分标准"，将符合标准的"生态文明示范社区"直接划入"低碳社区"。

(八) 低碳志愿活动方面

珠海市的 NGO 组织、志愿者服务中心 (建设有一个"志愿时系统")、义工联比较成熟，下属于珠海市团委。可以通过浏览网站"珠海志愿时系统"来了解发展现状。

(九) 低碳试点工作的开展

1. 往年的工作计划内容都有，但是工作试点中，仅在横琴比较成熟，从规划到实施都是横琴特区自己做，并且出台了一套系统的规划。

2. 广东省划定标准共四级：低碳示范园区、低碳示范社区、低碳示范企业、低碳示范城市。珠海的划定标准是：低碳示范园区、低碳示范公共机构、低碳示范社区、低碳示范企业。

在一些低碳发展做法或者规划方面珠海市不如深圳市，"碳交易所"可以参考深圳模式。另《珠海建设生态文明促进条例》、《珠海市"十二五"控制温室气体排放工作实施方案》文件已下发，有一定参考意义。

四、珠海市政府金融工作局座谈会 (2013.11.25)

出席人员：珠海市政府金融工作局相关工作人员、中国人民银行珠海市中心支行相关工作人员

1. 支持低碳投融资的专项基金：南方联合交易所成立了各种基金，专项投资"三高一特"，主要工作是：一方面投资，一方面引入。最开始做的是医药基金，目前并没有与低碳相关的金融产品。节能环保型基金将是下一步南方联合交易所突出的产品，"三高一特"将是珠海市建设的投资重点。

2. 未来低碳金融政策重点：2012 年 6 月，珠海市成立政府金融工作局，主要负责金融方面的招商引资，做好与金融机构的关系协调，跟低碳投融资无直接关系。珠海金融投资控股有限公司主要负责金融企业招商、落户安家

等，但也没有做与低碳相关的产业。现仅有珠海创业投资引导基金——政府出资1亿、珠海金融投资控股有限公司出资1亿，目标10个亿，委托珠海金融投资控股有限公司管理，涉及节能环保等方面。

3.珠海金融行业发展现状：银行类金融机构32家；保险机构34家；证券机构14家。珠海市人民银行2013年上半年开展了"金融节能服务产业"调研，对于低碳发展有一定参考价值。

①珠海市的基础环境好，所以碳排放交易所在珠海是否有可行性仍需调查。②从事节能环保企业全国4100多家，从"十一五"末到"十二五"期间，国家共有70多份规划用来支持节能环保产业。③节能服务企业的发展现状：两家工业企业、一家建筑企业、一家公共服务机构。其特点：潜力大、需求大；其现状：以主导型合同能源等环保服务业为主，但是并没有得到大多数金融机构的认可。

4.节能环保产业金融发展制约因素。

（1）信用环境：节能服务的债权债务会导致投资损失，现在没有一个专门机构为"节能环保企业"提供制度上、机构上的保障。

（2）缺少有公信力的第三方测评机构：现有节能审计机构、事务所等不能满足需求，近四成节能环保项目／企业出现对最终节能效果的分歧和质疑。

（3）违反节能服务合同的惩罚机制不健全：节能服务企业自身的实力不足、公信力较低，以及严重缺少抵押物，导致银行看不到未来收益权，或者对未来收益权认知度、接受度不高，无法发放贷款。再者银行对付款方有严格审核等环节，导致每年大约只有20%的贷款通过率。

（4）金融机构本身对于节能环保的认可度不高。

（5）合同能源项目缺少流通市场，银行不能转嫁税负，无法正常贷款。

（6）"信息不对称"阻碍金融机构和节能环保产业的交流与合作（比如：珠海市节能企业主要做外地业务；而珠海市本地业务主要由外地节能环保企业做）。

（7）针对保证性、效率分享型、投入后根据受益测定三种类型，来决定金融机构对其投资和税免。而节能量没有达到国家要求的企业，在金融机构中很难得到资金支持。

（8）没有财政政策扶植，无法推广环保产业。因此，必须要把企业、政府的节能、低碳意识调动起来。

5. 典型企业介绍：格力电器创新科技技术，通过空调内部结构的改良和改造，用空气中的能量因子带动空调，并且自身可以再发电，再支持外网的耗电。

6. 银行贷款难易程度：银行贷款一视同仁，关键看企业自身能力及还款能力（抵押物够不够等很多不确定性因素都会影响银行判断），珠海市金融机构对节能服务产业并没有太多的金融支持。

7. 企业家的影响：企业领导者精神对节能产业发展有很大影响。具有社会责任感的企业家直接推动行业未来发展，政府和企业共同致力于低碳建设会事半功倍。

8. 珠海市金融机构现状：①配套机制不完善；②经营规模较小；③珠海本地项目都是外地企业做，投资并不能真正改变本地企业的现状；④没有政府牵头的企业，大多是自发的，政府没有具体规划和政策扶植，CDM清洁机制落地困难；⑤地方法人金融投资机构6家：1家农商行、1家外资法人等；剩下26家，属于二层分支机构，处于末端，没有好的融资模式，金融需求和金融机构设置不配套，不能结合当地实际，更好地放权；⑥各类金融机构的产品研发能力不强，对新东西应用也不充分（比如股权质押指导意见等）；⑦截至2013年10月末，珠海市存款突破4000亿，贷款突破2000亿，贷款主要以中长期为主。

9. 横琴发展相关情况。

创新：金融多币种IC卡。

前景：中国人民银行与珠海市签订"金融创新合作共建协议"，但是没有具体对象，仍然无法推广。根据横琴的发展定位，准备开展各种金融政策的融合创新，但作为一个示范平台，有区域性限制，就是做好"粤港澳后备服务区"。对横琴来说：可以考虑做脱离产业的金融服务，但金融基础还不扎实，同时还需要在项目提供链接，可以将方向定在节能环保产业上。横琴不要一味地与上海、天津进行比较，应抓住自身区域特色去发展，强调横琴与港澳的区位优势。

五、珠海市环保局座谈会（2013.11.26）

出席人员：珠海市环保局相关工作人员

（一）珠海市环保局在低碳发展总体工作概况

低碳发展是珠海市常提常新的政策侧重点。2012年就有《实施意见》和《实施要点》出台。从环保局角度来讲，并没有提出具体要求，也没有针对低碳开展工作，只是根据国家和省级部门的规划和任务来开展工作。近几年重点工作如下：

1. 围绕国家和省部级重点任务方面：开展生态文明示范市创建工作（综合性的）

2. 节能减排方面：珠海市这几年都能完成省里下达的任务和指标。

3. 公众参与方面：市民环保意识很强，环保局也越来越重视聆听市民意见。开通了微博、电话、投诉信件等方式，方便居民更好地参与到政府环保工作中来。2013年3月1日，珠海市各部门联合开通了一个投诉热线：12345（12369是原来的热线，现仍使用）。每年平均收到2000—3000封信件，投诉重点多数都是关于大气（恶臭、污染等）和噪音（建筑施工、市政工程等）。

（二）环保局对珠海市低碳发展方面的认识

尽管珠海市前期也做了一些关于低碳方面的分工和工作规划，但还没有形成一套长效机制，市环保局作为政府部门也不知道"低碳"应制定怎样的政策目标与具体政策执行步骤。国家和广东省也没有相对明晰的规划和定位，各个职能部门并没有具体分工和规划，无法开展工作。而且，虽然珠海市已经有了实施要点，但没有成立相应的领导小组，也没有相应的部门工作分工。珠海市请西门子公司做了低碳发展规划，主要是节能减排方面，但"低碳"并不仅仅只有这部分的内容。对于珠海市低碳发展，我们认为：

1. 珠海市低碳发展定位方面：现在主要工作是抓节能减排，虽然不是低碳全部，但有助于探索出一条符合珠海特色的低碳道路。在项目或政策落地时，环保局会积极参与执行。现有政策主要以 1998 年开始实施的《珠海环境保护条例》为依据（2007 年修订，里面明确规定：珠海市禁止发展化学制浆、镀铬等重污染工业）。

2. 未来工作规划方面：加快环保低碳产业的建设（现在已经规划了一个区域做电镀专区），工作重点是建设好低能低耗企业，并将高能高耗集中迁址、规划和改造（环保局不涉及基础设施方面）。

3. 带头示范企业方面：现今珠海市环保产业中没有龙头企业，年产值 200 万以上的环保企业只有 40 多家，现有的企业自主研发能力很差（没有人才，没有技术）。

4. 环保监管企业的分类方面：分为国控、省控、市控三大类，珠海市加起来只有 40 多家，在整体规模上还有待发展。

5. 投入产出效益：生活污水等方面均采用企业投资建厂、政府出资支持运营成本等形式。现有的污水循环处理方式为：第一步，将生活污水处理厂的污泥运到特定区域，再经过生化技术处理，生成一种全新燃料，企业再把这些生成的新燃料卖出去，达到盈利目的。但珠海市对燃料的要求比较高，并没有在珠海市推广这种新型燃料（因为技术不成熟，具有一定的未知性）。如果这种模式在技术和可行性等方面均达到低碳标准，珠海市希望将其扩大化生产（既促进经济发展，又能节能环保）。

6. 资金注入方面：《生态文明促进条例》是由市环保局作为牵头单位，协调其他各部门参与生态文明保护的最新细则。从往年数据看，市环保局每年投入占 GDP 的 3%（约 30 亿），其中覆盖环保基础设施建设、污染治理、垃圾站点建设及运行费用等。

7. 环保宣传方面：每年会大力度地投入几百万促进环保事业的发展，活动主要包括：媒体宣传（充分利用新媒体优势，比如微博、微信、App 软件等）；"6·5专题"宣传活动；企业实地座谈宣传；自行车环保出行宣传；教育基地宣传；高校社团宣讲；进社区，现场体验环保活动；与澳门的环保合作宣传活动；与珠江三角洲其它地区联合举办的一系列宣传活动等等。现在又推出了一些环保出行的新形式：如无车日（每月一天），政府公务员以身作则，带头倡行低碳出行。

8. 公民参与方面：珠海市市民对环保有很强的参与意识和很高的参与程度，环保局挂牌很多"绿色学校"，具体要求上课课时、课本内容与绿色发展相关等。

9. 珠海市低碳发展弊端：一方面，珠海市低碳发展存在"雷声大雨点小"的问题，政策无法着地，实施效果较差，同时没有专业机构指导帮助各个相关产业开展工作；另一方面，珠海市关于低碳城市建设没有具体的奖惩机制，没有有效的强制性手段保证未来低碳工作的开展。市环保局希望出台一套具体完整且符合珠海市发展实际的低碳发展规划细则。

六、珠海市市政园林和林业局座谈会（2013.11.26）

出席人员：珠海市市政园林和林业局相关工作人员

（一）市政园林和林业局森林科提供资料

1. 关于"森林碳汇"的种植情况：2013年完成了1.5万亩（广东省规定的指标珠海市已完成），还有1万亩森林种植项目正在执行过程中。"十二五"期间珠海市签订了《森林资源目标保护责任书》，将会持续发展"森林碳汇"项目。森林覆盖率基本情况是：2011年29%；2010年28.8%；2009年28.6%，在全国有一定优势。

2. 未来发展方面：珠海市"红树林"项目将会持续作为低碳发展重点——"淇澳岛"省级自然保护区；"斗门"湿地公园；横琴滨海新区湿地公园等。

3.《森林资源目标保护责任书》提案进度方面：由于现实状况的制约，导致实际操作与规划预期有一定出入。有些项目被替换下来，浪费大量时间来调整，但大部分项目仍在正常进行中。

4. 特色关联项目：湿地保护与志愿者服务进行了很好的挂钩。"志愿时"是珠海市独具特色的志愿者服务项目，鼓励公众广泛参与到环境保护中去（以学生参与为主）。

（二）市政园林和林业局绿化科提供材料

1. 珠海市垃圾处理现状。

垃圾处理数据：全市 1850 吨 / 天，其中：城镇 1750 吨 / 天，农村 100 吨 / 天，海岛 40 吨 / 天。城镇垃圾无害化处理率：国家要求 90% 以上，珠海市可以达到 100%。现有两座垃圾填埋场：位置都在同一个区域，降低了垃圾集中焚烧、填埋处理的运营成本。垃圾发电厂规模：600 吨 / 天，垃圾填埋：已填埋 1220 万立方，计划再建 3 座垃圾处理厂，短期目标是（在 2020 年以前）满足 300 万人口的生活垃圾处理需求，长期目标是（到 2050 年）满足 500 万人口的生活垃圾处理需求。垃圾处理产业园：分为东西部（东部负责现有垃圾处理，达到 2000 吨 / 天的规模，西部正在建设，保障未来发展规划）。

2. 珠海市垃圾处理特色：水泥窑协同处理。现在正在做垃圾焚烧厂，目标处理量为 1200 吨 / 天，未来将会继续建设医疗废物焚烧厂、污泥厂等。

3. 珠海市垃圾分类：垃圾分类做了试点，但效果不好，并且难度较大。珠海市正考虑再启动这项计划，但仍处于探索阶段，没有实际操作。

4. 生态处理项目：垃圾废物发电厂 2000 年投产（当时就有一定问题），经过 2009 年技术改造后，能够满足现有珠海市常住人口的垃圾无碳化处理需求。

5. 环评公共参与：采用发放环评公共参与表等形式。

七、珠海市城市建设集团有限公司座谈会（2013.11.26）

出席人员：珠海市城市建设集团有限公司相关工作人员

（一）自行车租赁特色服务

两期建设：首期已完工（5000 辆，投资 4000 万），正在验收阶段。二期预计为 400 个服务点，投入 1.3 亿。二期项目完成后，自行车租赁服务站点将覆盖整个珠海市（一期项目中：横琴新区有 16 个站点，400 辆自行车）。从一期情况来看，已有 7.5 万人办卡，活跃人数 6.8 万；每天 2.6 万人借车；每辆车平均每天使 10.2 次，但仍供不应求。

自行车租赁服务的低碳节能贡献：会找专业公司进行节能减排概算。现今已经设置了智能节能系统——智能芯片 IC 卡。刷卡时可以结算里程等，再累计数据便于统计。智能 IC 卡的贡献——鼓励公众租借自行车。

现有租车服务具有公益性（前一个半小时不要钱，往后 1 元 / 小时），大多数珠海市市民都有意愿来采用这种形式上下班，每天累计里程数有38937 公里，平均时速 5.8 公里。按此概算每年能节省：出行费 800 万元；汽油 150 万升；碳排放量 580 吨，数据相当可观。相对自行车公益性，现有车辆成本比较高，超过 1300 块（车身有特色，有智能芯片，有传感装置，安装实心轮胎等），锁止器也很先进（延长车辆使用寿命，防锈，防台风）。

（二）自行车租赁的主要问题

1.运营规模和珠海市市民需求不相符，调度上有一定的问题。上下班的时候有"潮汐"现象，站点车辆不足的状况经常出现。

解决方案：采取多种模式协调做业。包括工作日模式（站点内调度及站点间调度）、节假日模式（黄金周模式、集体活动模式）、周六日模式（站点内调度及站点间调度)、应急模式(应对暴雨、台风等紧急特殊天气)。

2.站点间统筹调度的车辆数量较少,不能够满足满桩或空桩等情况。

解决方案:增加调度车、无动力式牵引车的投入。

3.调度车的停靠问题。

解决方案:在站点选点时,尽量靠近人行道边的位置。与交通部门协调,配套相应的交通法规,方便工作人员作业。

4.运营成本过高。

投资:一期固定资产投资 4000 多万,人力成本(自有员工、街边工作人员、巡检、客服等)600 万 / 年;

收入:站点广告、车身广告(基本属于惠民工程)

解决方案:与政府协调,积极借助高端科技,寻找合作共赢的发展道路,同时大力推广绿色出行计划,辅助珠海低碳城市建设的总体规划。

(三)自行车租赁未来发展态势

借鉴巴黎模式,不增加人力成本的前提下加密站点;实现全智能化,有相应配套的智能化手机软件(App、安卓工厂、微信等)来统筹车辆租借情况;考虑将其与社保卡、银行卡、有轨电车卡、医疗卡等多卡合一,实现一卡通行。

八、珠海市横琴新区座谈会 (2013.11.27)

出席人员:横琴新区管委会办公室、统筹委、住建局、规划局等相关部门负责人

(一)横琴发展现状

1.机遇:从 2012 年开始,横琴新区作为低碳试点区,有两个发展契机:

总体发展规划（2005年）要求生态建设；广东省2012年发展规划将横琴作为低碳试点新区，要求建设低碳城市。

2. 相关规划政策支持：专题类有8个，包括生态建设的产业规划（区域能源、绿色建筑、产业体系、绿色交通、绿色环卫）；绿色十年规划等。

3. 产业规划方面：高端零污染的总部经济体系将会成为横琴新区一大特色，污染项目一律不准进岛。

4. 公共设施方面：最具特色的"综合管沟"（节约用地44公顷）

5. 主要项目：风能发电有中电，休闲旅游有长隆，商务服务有横琴总部大厦，科教研发有澳大新校区，文化创意有丽新，金融服务有工银国际，高新技术有多联供，中医保健有中医药产业园。

6. 对渔业的生态保护：划定特殊的海洋生态保护区（一期390公顷左右）

（二）横琴新区绿色建筑（住建部对口单位）

将横琴定为建设低碳试点城镇示范区后，工作重点就是建设绿色建筑。依据横琴新区规划局独立所编规划，要求所有建筑都是绿色建筑（原来是一星，现在是两星起步）。绿色建筑标准的划分：结合示范性项目，使用标准量化数据，聘请外部单位来做。这样既保证了专业性，同时结合横琴新区自身发展特点，将会形成一套完整实用的标准体系。

（三）低碳高端服务业将成为横琴特色

横琴新区现今常住人口8000多人，大部分是原住岛民，进岛控制很严格。未来横琴计划实施"从外面进来免税"的政策，减少资金的流失与沉淀，促进本地发展。

为了支撑澳门多元化的发展，专门给澳门预留5平方公里的用地，现在落地7—8家单位（澳门大学已经进来），最终目标能让澳门的产业辐射横琴各个行业的发展（建立与澳门合作共赢的关系）。

（四）特色行政服务大厅

整合全部政府机关行政审批过程，方便老百姓办事，提高行政审批业务效率，通过整合资源、节约申办手续等手段鼓励各类企业到横琴新区"安家立命"，推动横琴新区经济发展。

九、珠海市住建局座谈会（2013.11.27）

出席人员：珠海市住建局相关工作人员

（一）绿色建筑、低碳建筑的发展现状

1. 现有政策。

广东省出台：《广东省绿色建筑行动方案》

珠海市出台：《2013 年珠海市绿色建筑实施方案》；《2013 年珠海市绿色建筑管理办法》（广州 3 月份、深圳 7 月份）；《2014 年珠海市加快绿色建筑实施方案》（现有低碳建筑：评星 2 个；4 个两星的正在申报，总共有 5 个低碳建筑项目，大概五十万平方米）

2. 制约因素。

主要体现：相关技术标准不统一（原来采用国家标准，但也有弊端）；申报过程烦琐，浪费时间；绿色建筑规划或成果方面仍然落后（比不上广州和深圳，在全国还是有优势的）。

解决方案：减少申报的烦琐过程；出台一套合理的绿色建筑设计指南（广东省建筑院承担，其中有唐家新城绿色建筑规划、珠海市绿色建筑指引等）；在 2014 年工作计划中，唐家专项绿色建筑规划是珠海市住建部门未来 5 年工作重点

3. 低碳建筑成效。

以往节能工作评比能够排到全省第三。尽管广东省只是发文，很多地

方执行差，但珠海对低碳方面的投入很大，效果也比较好。

4. 绿色建筑的现状。

（1）名称混乱：绿色建筑／低碳建筑／生态建筑，最开始认为就是低能耗的建筑。

（2）低碳技术：绿色建筑主要包括：节材（现在能保证 100% 的节能墙材和建材，在广东省内做得很好）、节能改造、节能设备、节能管理（楼宇自动化监控）。

（3）对比标准落后：仍以 20 世纪 80 年代的标准建筑作为对比型建筑，评定现有建筑的低碳节能率有一定的误差，不具有代表性。

（4）低碳建筑的节能技术不成熟（珠海最高端的是珠滨花园，是三星级的低碳节能示范点），国家没有完善规划体系及监督体系，地方对低碳建筑的落实力很差。

（5）奖励机制：国家发文进行奖励（广东省住建厅也在 2012 年出台了一套标准化体系），但具体实施上仍然需要层层申报，广东省也没有出台一个实施细则。珠海市出台了相应的配套补贴：对一些低碳建筑方面有贡献的企业，象征性给予 10 万元补贴。

（二）珠海市住建局对低碳发展的建议

1. 城市建设一定要有总体规划，城市建设想要在低碳方面有突破，如果没有相应规划，最后往往事倍功半。因此，要建设低碳城市，发展绿色建筑，一定要形成整个城市战略性、概念性的规划。珠海市已通过国际一流团队（招标形式）形成了一套符合珠海市实际的概念性规划（投资 3 亿元左右），再以概念性规划为出发点，进一步落实到珠海市低碳实施方案，再层层往下形成各个区域的实施细则。

但是，珠海市现在并没有明确清晰的绿色建筑规划，这一缺陷会严重制约珠海市低碳发展。原本依靠珠海自身优势，低碳发展一直处于广东省内甚至全国的领先地位，但由于珠海市并没有出台具体规划，没有很好地把握区域优势和发展机遇，发展逐步落后，绿色建筑也没有广泛推行，当前主要是做相应的绿色建筑规划方案及细则（但具有一定的难度，比如：机构繁杂、申报困难、耗费时间等，并且国家并没有立法保护，最终出台的政策也不具有强制力，致使政策可操作性低）。

2. 低碳建筑建设方面的问题。

要以市场为主，珠海市市民有较强的低碳意识，存在对低碳建筑的刚性需求；但由于市场失灵的存在，仍然需要政府强制力量。

珠海市城市环保认可度高，公民参与意识强，这两点在全国具有绝对性的领先优势。但政府并没有从规划入手，仅充当了"落实型政府"的角色，省里分配任务，地方就落实，没有前瞻性的发展规划，使珠海市低碳发展处于停滞状态。

现在的低碳建筑要以市场调节为主，珠海市往年一直走在前面（从2004 年开始，珠海是全国最早开展低碳建筑工作的），但是由于技术、材料等方面限制，使得低碳建筑普及一直得不到推广。有很多企业对低碳建筑没有太高的积极性。在低碳建筑改造方面，要尽快更新建筑改造标准，现有沿用的标准是 1995 年版的，已不再适用。

十、珠海市交通运输局座谈会（2013.11.27）

出席人员：珠海市交通运输局相关工作人员

（一）珠海市发展低碳交通的现状

1. 政策优势。

2009 年出台的《珠三角地区新能源汽车推广应用实施方案》目标全面、规划详细。

2. 正在进行中的规划项目。

《珠海市机动车清洁能源补给站规划》，主要解决加气充电的问题，为了更好地完善《补给站规划》，珠海市交通运输局首先了解汽车的技术发展现状（主要是公交车和出租车），再寻找相关部门分析改造技术推广的可行性，最终结合各个方面的成本收益情况以及珠海市现状，确定最后的规划细则。珠海市在 2013 和 2014 两年投放 500 辆纯电动公交车作试点，看最终成效及居民反馈。

3. 私家车方面正在做研究，看到底是否有可行性。

4. 了解电动车生产企业的技术发展。电池技术的限制是亟待解决的问题，看能否在合理范围内，降低推动清洁能源及气站建设的成本。

5. 调研露天及室内停车场的现状。看能否通过改变停车场数量及位置，优化居民出行。

6. 未来发展方案。从 2009 年起，珠海市的柴油汽车开始更新换代（以每年 400 台的更新速度），预计 2015 年全部更新完毕。今后珠海市将大力推广环保电动车，目前需要调研包括电动车的配套设置建设等，以及可行性规划和工作方案（初步开始实施）。

7. 问题与担忧。

珠海市政府希望通过发展低碳出行计划，带动珠海市电动车产业发展，但相关企业并没有太大积极性，对电动车推行造成制约。珠海市计划将货物运输、出租车都改成 LNG 型，但是在技术及配套设施方面有较大难度。

（二）珠海市发展低碳交通的新机遇

珠海市正主动向国家申请"低碳交通示范市"，向深圳学习，去各地调研，借鉴经验，发挥比较优势，立足自主发展。

通过前期研究发现，对于加气、充电站的建设，在质检、消防、城建等方面有一定困难。目前大量加油站无法就地改造，若再专门建设新气站，投入成本过高，不具可行性。智能化交通、信息中心、防治拥堵的政策等都将成为下一步珠海市低碳交通发展方面的重点工程，有轨电车、自行车等属于珠海市特有的缓解私家车增长的措施。

通过优化公交线路，能够提高公交使用率。公交换乘中心建设有助于连接多个区和地点，提高公交运行速度，有效利用现有的公交资源。为保证绿色交通,珠海市交通局原计划在 2015 年之前,将全市所有公共交通工具都换成 LNG(2013 年底已经更换了 1000 台),2014 年提前完成 2015 年的指标。出租车计划由双燃料过渡到单燃料,但因与珠海市国土资源局的协商没有到位,无法以正常速度建设气站,目前只规划了几个偏远地区的加气站,但在 2015 年之后将全面开展建设,这需要国土、消防、公安、质检、住建等部门的协调配合。

附录 3
珠海市各政府部门提供资料汇编

序号	部门	类别	资料名称	类型
1	发改局	通知信函	关于印发珠海市低碳试点城市近期工作计划的通知 2012—8—25	电子版
2			关于印发珠海市低碳试点城市实施方案的通知 2012〔79〕	电子版
3			关于印发《2013年珠海市低碳试点工作要点》的通知 2013—11—18	电子版
4			《珠海市"十二五"控制温室气体排放工作实施方案（修订稿）》拟订说明	电子版
5			省低碳发展促进会来珠海开展低碳试点城市进展情况专题调研 2013—25	电子版
6			关于印发《2013年广东省国家低碳省试点工作要点》的通知	电子版
7			关于报送二氧化碳排放核算基础数据表和单位生产总值二氧化碳排放降低指标"十二五"中期检测评估情况表的函	电子版
8			珠海市"十二五"控制温室气体排放实施方案反馈意见采纳情况汇总表	电子版
9		规划资料	珠海市循环经济发展规划（2008—2020年）	电子版
10		部门材料	珠海市低碳试点城市进展情况报告 2013.8	电子版
11			珠海经济参与全球经济中高端竞争课题研究总报告	电子版
12			珠海市"十二五"期间单位生产总值碳排放降低指标分解方案	电子版
13			2011广东低碳发展年度报告	纸质版

序号	部门	类别	资料名称	类型
14			2012 广东低碳发展年度报告	纸质版
15			低碳城市申请表	电子版
16			珠海市"十二五"控制温室气体排放工作实施方案	纸质版
17			珠海市"十二五"碳强度中评情况表	电子版
18			珠海市产业发展导向目录（2013 年）	电子版
19			珠海经济特区生态文明建设促进条例	电子版
20			珠海市纳入省首批碳排信息重点企业通讯录	纸质版
21			珠海市低碳城市建设实施方案	纸质版
22			2011 年广东低碳发展重点研究成果汇编	纸质版
23			珠海市热（冷）电联产规划（2013—2020 年）	纸质版
24	环保局	部门材料	珠海市环境保护局 2013 年度部门责任白皮书	电子版
25			《珠海市声环境质量标准》适用区域划分和《声环境质量标准》适用区域	电子版
26			珠海市工业企业污染物排放与治理	电子版
27		信函通知	珠海市环境监察分局关于报送珠海低碳发展案例研究课题调研资料的函	电子版
28	横琴新区	部门材料	横琴新区低碳建设情况（珠横新统函〔2013〕97 号）	电子版
29			横琴记忆	纸质版
30		规划资料	横琴新区总体发展规划（概要）	纸质版
31			横琴新区低碳发展规划（2010—2020）	纸质版
32			横琴新区低碳发展规划（2013—2050）	纸质版
33	市政园林和林业局	部门材料	珠海市森林覆盖率	电子版
34			珠海市碳汇造林情况	电子版
35			珠海市公共自行车租赁服务系统相关材料	纸质版
36			珠海市公共自行车租赁服务系统运营模式	纸质版
37			珠海市湿地资源调查 02.22	电子版
38		规划资料	珠海市湿地保护规划 02.22	电子版

序号	部门	类别	资料名称	类型
39	交通运输局	部门材料	珠海市申报"低碳交通"试点城市的示范项目资料	纸质版
40		信函通知	珠海市交通运输局关于《珠江三角洲地区新能源汽车推广应用实施方案（2013—2015年)》的意见	纸质版
41		规划资料	珠海市机动车清洁能源补给站专项规划（简本）	纸质版
42	住建局	部门材料	珠海市2013年建筑节能工作报告	纸质版
43		政府文件	关于加快推进珠海市绿色建筑发展的通知	纸质版
44			广东省人民政府办公厅关于印发广东省绿色建筑行动实施方案的通知	纸质版
45		法规条例	珠海市建筑节能办法	纸质版

责任编辑:姜 玮

图书在版编目(CIP)数据

广东省珠海市低碳发展研究/章文光等 著. —北京:人民出版社,2017.4
(中国低碳发展宏观战略丛书/解振华,张勇 主编)
ISBN 978－7－01－015197－7

Ⅰ.①广…　Ⅱ.①章…　Ⅲ.①节能-区域经济发展-研究-珠海
　Ⅳ.①F127.653

中国版本图书馆 CIP 数据核字(2016)第 210328 号

广东省珠海市低碳发展研究
GUANGDONGSHENG ZHUHAISHI DITAN FAZHAN YANJIU

章文光 等 著

人民出版社 出版发行
(100706 北京市东城区隆福寺街 99 号)

北京汇林印务有限公司印刷　新华书店经销

2017 年 4 月第 1 版　2017 年 4 月北京第 1 次印刷
开本:710 毫米×1000 毫米 1/16　印张:8.5
字数:128 千字

ISBN 978－7－01－015197－7　定价:28.00 元

邮购地址 100706　北京市东城区隆福寺街 99 号
人民东方图书销售中心　电话 (010)65250042　65289539